RAY MEARS

KOCH DRAUSSEN!

DAS KOCHBUCH FÜR CAMPER UND ABENTEURER

ÜBER 100 REZEPTE FÜR JEDES WETTER

HEEL

WIDMUNG

Für Kristian

Mein Sohn, Du hast mir einmal ein Buch mit leeren Seiten geschenkt, damit ich meine Lieblingsrezepte für Dich aufschreiben möge. Genau das hat mich zum vorliegenden Buch inspiriert. Ich hoffe, Du hast nichts dagegen, dass ich diese Rezepte einem geringfügig größeren Publikum verraten habe.

Alles Liebe
Dad

HEEL Verlag GmbH
Gut Pottscheidt
53639 Königswinter
Tel.: 02223 9230-0
Fax: 02223 9230-13
E-Mail: info@heel-verlag.de
www.heel-verlag.de

This translation of The Koch draußen! is published bei HEEL Verlag GmbH by arrangement with Bloomsbury Publishing Plc.

Deutsche Ausgabe:
Übersetzung aus dem Englischen: Claudia Buchholtz, Rackwitz
Satz: gb-s Mediendesign, Königswinter
Covergestaltung: Stefan Witterhold, Heel Verlag GmbH
Projektleitung: Helge Wittkopp
Lektorat: Peter Diekmann

Fotos: © Ray Mears
Mit Ausnahmen von:
© Glen Burrows: S. 3, S. 12, S. 14–19, S. 28–31, S. 33–36, S. 38, S. 51–52, S. 54, S. 64, S. 69–71, S. 83, S. 98–101, S. 105, S. 109 o, S. 110–113, S. 119, S.121–122, S. 124–124, S. 137–141, S. 146, S. 148, S. 155, S. 163, S. 167, S. 180–181
© Ruth Mears: S. 4–5
© David Southey: S. 6, S. 42, S. 73, S. 78, S. 186
© DEA / C.DANI / I.JESKE, Getty Images: S. 8
© Lars Fält: S. 10, S. 156
© Hugh Johnson: S. 74–75

Printed in Latvia
ISBN 978-3-96664-176-0

KOCH DRAUSSEN!

DAS KOCHBUCH FÜR CAMPER UND ABENTEURER

RAY MEARS

HEEL

INHALT

sasta

ÜBER DEN AUTOR

RAY MEARS gilt weltweit als Fachmann für Bushcraft, Fährtenlesen und Überleben in der Wildnis. Seit nahezu vierzig Jahren betreibt er Woodlore, eine Outdoor-Schule, in der Kenntnisse und Fertigkeiten rund ums Draußensein und den Aufenthalt in freier Natur vermittelt werden. Ihm ist es ein Anliegen, andere mit dieser Leidenschaft anzustecken und die Menschen näher mit der Natur vertraut zu machen.

Dass der Name Ray Mears vielen Outdoor-Fans zum Begriff wurde, hat auch mit seinen Büchern und Fernsehformaten wie *Durch Kanadas Wildnis, Kampf ums Überleben, Gefährliche Begegnungen* und vielen mehr zu tun. Mit diesen Sendungen erreichte er ein großes Publikum vom Kleinkind bis zu den Großeltern. Sie werden gerne geschaut, weil Ray die Dinge realistisch angeht, für das brennt, was er tut und den Angehörigen indigener Völker und ihren Kulturen Empathie und Respekt entgegenbringt. Ray hat sein ganzes bisheriges Leben damit verbracht, sein Wissen und Können weiterzuentwickeln und ist heute ein wahrer Meister dessen, was er selbst *Wilderness Bushcraft* nennt.

Für Ray bedeutet Kochen in der freien Natur mehr, als einfach nur energiereiche Nahrung zuzubereiten – es dient auch als Mut- und Muntermacher in schwierigen Zeiten. Aber wer ihn auf eine Tour begleitet und Zeuge seiner Leidenschaft für Essen wird, das die Wildnis bereithält – seien das nun wilde Pilze aus der Schatzkammer des Waldes, der Duft wilder Kräuter oder eine Forelle, gefangen mit einer einfachen Angel und dem Geschick der Ureinwohner –, entdeckt womöglich noch etwas anderes: Für Ray ist das Kochen eine zutiefst spirituelle Angelegenheit, bei der es gilt, allen Zutaten Respekt zu zollen und sie zu würdigen.

WEITERE BÜCHER DES AUTORS (IN ENGLISCHER SPRACHE)

Out on the Land: Bushcraft Skills from the Northern Forest

Bushcraft

Bushcraft Survival

Essential Bushcraft

Northern Wilderness

Outdoor Survival Handbook: A Guide to the Resources and Materials Available in the Wild and How to Use Them for Food, Shelter, Warmth And Navigation

My Outdoor Life

The Real Heroes of Telemark: The True Story of the Secret Mission to Stop Hitler's Atomic Bomb

The Survival Handbook

Ray Mears Goes Walkabout

Ray Mears' World of Survival

Vanishing World: A Life of Bushcraft

Wild Food

EINLEITUNG

ES WAR MEIN ERSTER TAG BEIM STAMM DER SANEMA in Venezuela, tief im nahezu unberührten Regenwald im oberen Einzugsgebiet des Orinoco. Man hatte beschlossen, zu Fuß ein abgelegenes Dorf zu erkunden. Ich hatte keine Ahnung, wie weit abgelegen, wusste nur, dass es ein straffer Tagesmarsch werden, man dort übernachten und am nächsten Tag zurückkehren würde.

Die Ureinwohner des Regenwalds sind ausdauernde Läufer, ihre Sehnen sind an die harten Bedingungen ihres Landes angepasst. Um Gewicht zu sparen, warf ich alles, was ich nicht unbedingt brauchte, aus dem Rucksack. Meine beiden Führer waren mit Macheten ausgestattet und ihr Gepäck bestand aus Körben, die sie nicht über der Schulter trugen, sondern an über die Stirn verlaufenden Schnüren. Der eine hatte einen Hut aus dem Skalp eines Faultiers auf, was ihm das leicht verschoben-verschrobene Aussehen eines perückentragenden Spielshowmasters aus den Siebzigern verlieh. Einer hatte ein Blasrohr und Giftpfeile dabei, der andere eine uralte, vor Rost schon ganz rotbraune Querflinte.

Ich war wild entschlossen, mit meinen Führern mitzuhalten, um Eindruck zu schinden für die nächsten Tage. Der Marsch war, was nicht weiter verwunderte, anstrengend und mühsam. Wir rutschten schlammige Abgründe hinab, durchwateten Wasserläufe und kletterten steile Hänge hinauf. Mit den beiden Schritt zu halten, war wie erwartet schwer und abgesehen von gelegentlichen Pausen, sah ich von ihnen die meiste Zeit nichts weiter als vor mir die sich lautlos bewegenden Blätter des Unterholzes, die mir anzeigten, dass sie gerade dort durchgekommen waren.

Gegen Mittag stiegen wir einen steilen Hang hinauf. Umgestürzte Regenwaldriesen überkletternd, erreichte ich den Kamm und wollte diesem, der lang und sanft abfiel, gerade folgen, da hörte ich irgendwo weiter vorne den Knall einer Flinte. Während des weiteren Abstiegs sah ich immer wieder Federn auf dem Boden. Einer der Führer hatte, das war nun klar, einen Vogel geschossen und rupfte ihn im Gehen. Der Weg wurde wieder steiler und traf unten auf einen winzigen Bach. Hier hatten die beiden haltgemacht und hockten an einem kleinen Feuer, das sie entzündet hatten. Mit Genugtuung stellte ich fest, dass sie so erschöpft aussahen, wie ich mich fühlte. Während ich meinen Rucksack absetzte, sah ich, wie der Jäger nach dem nunmehr gerupften Vogel griff, ein Blatt von einer Fischschwanzpalme pflückte, den Vogel sorgsam darin einwickelte und das Päckchen mit der Mittelrippe

gegenüberliegende Seite: Luftbild vom Orinoco in Venezuela

des Blattes sicherte. Dann schob er es zum Garen in die Glut. Wie wunderbar einfach und schnell: Ein paar Minuten später war das Essen fertig. Das kleine Federvieh dampfte und schmorte im eigenen Saft. In den nächsten Tagen wiederholte sich das Ganze noch mehrmals und ich wurde Zeuge der außergewöhnlichen Fertigkeiten jener Waldbewohner, die den Ruf der Vögel nachahmten, um sie in Reichweite ihres tödlichen Blasrohrs zu locken.

Heute sind das nur noch ferne Erinnerungen, aber die Inspiration durch solche Erlebnisse, die keineswegs Einzelfälle waren, verblasst nie. Ich hatte das Glück und die Möglichkeit, mit Angehörigen indigener Völker auf der ganzen Welt unterwegs zu sein, und immer wieder habe ich gelernt, auf einfachste Weise ein Mahl zu bereiten – mit nichts weiter als angespitzten Stöcken, Blättern, Moos oder Rinde.

An der Westküste Nordamerikas kochen die Ureinwohner mitunter auch „unterirdisch" in Erdgruben. Jede Familie hat eine eigene Methode dafür entwickelt und verfügt über ein familieneigenes Erdofen-Rezept. All diese Zubereitungsarten sind bestechend einfach und faszinieren vor allem durch ihre zweckmäßige Schnelligkeit, aber auch durch die Verwendung von Naturmaterialien, die von der Umgebung, die sie zur Verfügung gestellt hat, stets wieder recycelt werden – im Gegensatz zu Kunststoff oder Aluminiumfolie.

Auf den folgenden Seiten sind viele Rezepte für die Outdoor-Küche zu finden, die auf die Kochkünste von Ureinwohnern und Indigenen zurückgehen. Dann habe ich noch Zubereitungen aufgenommen, die sich eher an einen Safari-Stil anlehnen, und zudem Ideen für Gerichte, deren Zutaten beim Wandern oder Trekking kaum ins Gewicht fallen. Da ich den Großteil meines Lebens auf Expeditionen in abgelegenen Gegenden verbracht habe, kann ich mit Fug und Recht und aus Erfahrung behaupten, dass das Essen und seine Zubereitung mit die wichtigste Rolle dabei spielt, die Moral aufrechtzuerhalten. Kaum hat man einen schlechten Tag voller Enttäuschungen, Rück- und Fehlschlägen, macht sich gedrückte Stimmung im Camp breit. Doch wenn man dann ein leckeres Mahl kredenzt, wird das Unmögliche wieder möglich. Die Stimmung hebt sich und nach erholsamem Schlaf ist die Welt am nächsten Morgen wieder rund und alle sind voll Schwung und Enthusiasmus.

Derlei Tricks müssen aber nicht dem reinen Überlebenskampf in der Wildnis vorbehalten bleiben, auch in der „Zivilisation", an einem festen Lagerplatz oder im Basislager, wo mehr Möglichkeiten für die Zubereitung komplizierter Speisen bestehen, funktionieren sie. Nur weil wir draußen in der Natur leben, heißt das noch lange nicht, dass unser Essen nur aus fertig abgepackter, fader und monotoner Trockennahrung oder aus Dosenravioli bestehen muss. Mit etwas Voraussicht und Fantasie können wir auch in der Wildnis wie Könige schmausen. Das Geheimnis liegt darin, die richtigen Zutaten zu finden – Zutaten, die Experimentierfreude bewirken und höchste Kulinarik garantieren. Diese sollten möglichst aus der Region stammen, ökologisch unbedenklich erzeugt worden sein und tatsächlich die umgebende Natur widerspiegeln, in der man sich befindet – ein Konzept, das sich am besten mit dem aus dem Weinbau Frankreichs stammenden Begriff Terroir umschreiben lässt.

All diese Zubereitungsarten sind bestechend einfach und faszinieren vor allem durch ihre zweckmäßige Schnelligkeit, aber auch durch die Verwendung von Naturmaterialien, die von der Umgebung, die sie zur Verfügung gestellt hat, stets wieder recycelt werden – im Gegensatz zu Kunststoff oder Aluminiumfolie.

Ach übrigens, nach dem Fußmarsch mit den beiden Sanemas meinten sie zu mir, sie seien müde und fußlahm, und beschwerten sich, ich sei wirklich sehr, sehr schnell gelaufen. Es stellte sich heraus, dass sie mich beeindrucken wollten, indem sie so schnell liefen, dass ich vermeintlich nicht würde Schritt halten können. In den zwei Tagen waren wir also beim Versuch, uns gegenseitig zu beeindrucken, immer schneller geworden. Wir lachten und machten uns auf die Suche nach einem Wasserschwein, um es uns am Spieß gegrillt ordentlich munden zu lassen.

DIE OUTDOOR-KÜCHE

WER EINEM AUSTRALISCHEN UREINWOHNER BEI DER ZUBEREITUNG eines frisch gefangenen Warans zuschaut, wird Zeuge, wie die wichtigste Lehre der Outdoor-Küche Anwendung findet: So einfach wie möglich! Ein Feuer wird so angelegt, dass es die nötige Hitze gibt, und genügend Holz daneben aufgestapelt, um es lange genug am Laufen zu halten. Mitunter werden Bruchstücke von Termitenhügeln zugegeben, damit die Glut länger die Hitze hält. Während das Feuer zur perfekten Glut niederbrennt, sitzt der Koch/die Köchin daneben – ungestört von den Kindern, die gelernt haben, still zuzusehen, um zu lernen, wie das Essen nach uralter Tradition zubereitet wird – und macht alles kochfertig mit nichts weiter, als einem grob zugespitzten Stock. In modernen Augen mag das primitiv erscheinen, aber diese Vorgehensweise zollt dem Respekt, was „die Ahnen", weise, wie sie waren, schon wussten: Nahrung immer frisch zubereiten und sofort verzehren – ein Mantra, das gewährleistet, dass keine Gefahren von ihm aus- und keine Nährstoffe verloren gehen.

In der einfachsten Ausführung kann die Outdoor-Küche die dem Wind abgewandte Seite eines Felsens sein, in ihrer aufwendigsten ein Safari-Küchenzelt mit allen Schikanen. Wie auch immer die Umstände – der Erfolg hängt von mehr ab als nur von guten Zutaten. Noch wichtiger sind Planung und Vorbereitung, eine gute Organisation und das richtige Timing. Wenn man draußen kocht, wo geeignete Arbeitsflächen, fließendes Wasser aus dem Hahn und Kühlmöglichkeiten nicht oder kaum vorhanden sind, und die Wärmequelle, ob nun Campingkocher oder Kochfeuer, permanent im Auge behalten werden muss, gilt dies umso mehr. Ein Profikoch, der mit mir einmal draußen in der Natur gekocht hat, beschrieb das Ganze ziemlich treffend so: „Es ist, wie eine Betriebskantine zur Mittagszeit zu betreiben und dabei mit zwanzig Tellern gleichzeitig zu jonglieren und sie am Drehen zu halten!"

Ob Pausenversorgung oder Partyservice, ob einfach oder ausgefallen – Organisation ist alles. Diese fängt lange vor Abfahrt mit der Planung des Menüs an. Und nicht zu vergessen: die Ernährungsbedürfnisse aller Beteiligten, ob vor Ort frische Lebensmittel zur Verfügung stehen oder eben nicht, welche Lagerungs-

SO EINFACH WIE MÖGLICH!

Wenn nicht gerade das Bereiten des Festmahls selbst der Grund für unseren Aufenthalt in der Natur ist, besteht der Zweck der Küche darin, unsere anderen Aktivitäten zu unterstützen, nicht sie zu dominieren. Die Dinge zu verkomplizieren, führt zu Verzögerungen und schlecht gekochten Mahlzeiten. Wer klug ist, hat als Koch oder Köchin ein Auge aufs Wetter und auf die Art der Unternehmungen und stellt bei schlechtem Wetter oder nach größeren Anstrengungen wohltuendes und sättigendes Essen bereit. Leichtere Mahlzeiten bieten sich eher an ruhigeren und heißen Tagen an. Im Gegensatz dazu sorgt eine schlecht geführte Küche schnell für Verstimmungen.

möglichkeiten bestehen und wie gereist wird. Das Zauberwort heißt Kompromiss – zwischen den Beschränkungen, die uns Platz und Gewicht auferlegen, und unseren kulinarischen Ambitionen.

EIN FESTES LAGER

Die Feldküche im festen Basislager ist der Goldstandard der Draußenküche. Meist gibt es hier ein speziell und nur für diesen Zweck errichtetes Küchenzelt oder Tarp mit Tisch und Kochfeuer. Ich habe am liebsten zwei Feuer, eins zum Kochen und ein zweites, um Waschwasser zu erwärmen. In einer Feldküche dieser Art verstaue ich alles, was für die Versorgung nötig ist, sicher in Kisten. Im Vorratszelt lagern die Kisten mit den Vorräten. In der Küche selbst stehen nur drei Kisten: die mit dem Tagesvorrat, die mit den Hilfsmitteln und die mit den persönlichen Kochutensilien und Werkzeugen des Kochs/der Köchin.

DIE TAGES-VORRATS-KISTE

Die Tageskiste enthält die Vorräte, die für die Zubereitung der Mahlzeiten an einem einzelnen Tag notwendig sind.

DIE KÜCHEN-KISTE

Wie der heimische Küchenschrank enthält die Küchenkiste allerlei Gerätschaften und viele kleine Dosen mit den wichtigsten Hilfszutaten wie Mehl, Gewürze, Salz, Zucker etc., die so stets in brauchbaren Mengen zur Hand sind.

DIE KOCHKISTE

Die persönliche Kiste des Kochverantwortlichen enthält Küchenmesser und Handwerkszeug. Messer & Co. sind in einem Werkzeugwickel gut aufgehoben, das sich bei Gebrauch an eine quer verlaufende Stange oder ein straff gespanntes Seil hängen lässt.

KÜHLSCHRANK

Mit einem allradgetriebenen Geländefahrzeug lassen sich Campingkühlschrank oder Gefrierbox selbst an die entlegensten Orte transportieren. Robust und durchdacht gebaut, erweitern sie die Palette an geeigneten Nahrungsmitteln um ein Vielfaches. Dennoch sind sie sperrig und nehmen Platz ein, der für andere Zutaten oder Dinge verloren geht. Damit nichts verdirbt, hat ihr Einsatz zudem wohldurchdacht zu erfolgen, ansonsten droht die ganze Tour zu scheitern.

DAS PADDLERLAGER

Das Paddeln in der Wildnis ist toll, aber ähnlich anspruchsvoll wie ein ganzer Tag im Fitnessstudio. Konsequenterweise ist der Kalorienbedarf hoch und die Mahlzeiten müssen sättigend, schmackhaft und nach einem anstrengenden Tag schnell zuzubereiten sein. Je nach Art lassen sich frische Lebensmittel ein paar Tage lang transportieren. Fleisch nur einen (den ersten) Tag, Käse und Tortilla-Wraps hingegen je nach Temperatur eine Woche und länger. Dennoch greift man im Paddlerlager eher auf Trockennahrung und Konserven zurück.

KONSERVEN

Konserven sind zwar schwer, aber per Kanu gut zu transportieren, da wir das Gewicht nur beim Umtragen mit unserem Körper schleppen müssen, und das sind ja meist nur kurze Strecken. Dennoch spielt das Gewicht eine Rolle. Deshalb greift man bei Nahrungsmitteln, die es neben Konserven auch in getrockneter Form gibt – Suppen und Gemüse beispielsweise–, auf letztere leichtere Variante zurück. An Konserven nimmt man stattdessen Nahrhaftes mit, das eine Mahlzeit deutlich bereichert – Dosenfisch und Dosenfleisch beispielsweise – oder greift zu Obstkonserven, die regelrechte Stimmungsaufheller sind. Im Übrigen ist die Erweiterung des Speisezettels durch selbst geangelte Fische immer eine tolle Sache.

KÜCHENAUSRÜSTUNG

Das Paddlerbiwak ist ganz besonders auf Mobilität ausgelegt, daher nehme ich nur meine allerwichtigsten Werkzeuge in einem kleinen Wickel mit. Wichtige Zutaten verstaue ich in kleinen Ledersäckchen (kleine wasserdichte Packsäcke sind genauso geeignet), die ich mit Druckverschlussbeuteln auskleide. Die Säckchen wiederum wandern alle in einen größeren, robusten wasserdichten Packsack. Auch hier nehme ich nur das, was am jeweiligen Tag gebraucht wird, mit ans Feuer. Der Großteil der Vorräte bleibt sicher verpackt in der Vorratstasche oder -tonne.

DIE MEHRTÄGIGE TREKKINGTOUR

Beim Wandern müssen wir unsere Vorräte den ganzen Tag lang auf dem Rücken tragen, sie müssen also leicht sein. Hier bietet sich spezielle Trekkingnahrung an, egal ob fertig gekauft oder selbst hergestellt. Die handelsübliche hat den Vorteil, dass sie sorgsam auf die Bedürfnisse von Outdoor-Abenteurern abgestimmt, bequem verpackt und voll der erforderlichen Nährstoffe ist. Zwar trägt das Angebot inzwischen verschiedensten kulturellen Hintergründen Rechnung, für Wanderer mit bestimmten Nahrungsmittelunverträglichkeiten und Allergien bleibt es jedoch eingeschränkt, sodass sie ihre Trockennahrung am besten selbst herstellen.

Es gibt zwei Arten handelsüblicher Trekkingnahrung: Outdoor-Fertiggerichte und gefriergetrocknete Mahlzeiten, die beide durch Trockenproviant wie Kekse und Müsliriegel sowie durch Getränke ergänzt werden.

FERTIGGERICHTE

Diese Art Outdoor-Mahlzeiten sind vorgekocht und halten sich lange, gewöhnlich um die drei Jahre. Sie sind portionsweise in Beuteln verpackt und können kalt gegessen oder erwärmt werden, indem man den Beutel in heißes Wasser legt.

Auf Tagestouren und bei längeren Wildtierbeobachtungen mag ich diese bequeme Art der Verpflegung. Der Nachteil ist das Gewicht und die Gefahr des Einfrierens bei Frostwetter.

GEFRIERGETROCKNETE MAHLZEITEN

Vorausgesetzt, Wasser ist vorhanden, sind dehydrierte Mahlzeiten, die nicht frostanfällig sind und das beste Verhältnis von Kalorien zu Gewicht aufweisen, auf Mehrtageswanderungen die beste Wahl, besonders, wenn man sich in der Natur auskennt und die Mahlzeiten durch selbst gesammelte Kräuter, Pilze oder Krusten- und Schalentiere ergänzen kann. Um den vollen Geschmack zu entfalten, braucht gefriergetrocknetes Essen ausreichend Zeit zum Quellen und Garen.

Wenn ich derartig portionierte Fertignahrung verwende, achte ich penibel darauf, überflüssige Bestandteile und unnötige Verpackungen gar nicht erst einzupacken. Gerade bei Feldrationen, die aus dem Militärbedarf stammen, sind oft Instant-Getränke-Komponenten dabei, die alles andere als ein Genuss sind und ich daher konsequent aussortiere. Ich „braue“ mir meine Getränke lieber selbst und stelle mir das dafür Notwendige selbst zusammen. Ein frisch aufgebrühtes Heißgetränk ist gesund und hält Leib und Seele zusammen. Hier sollte man also weder an der Qualität noch an der Menge sparen.

TREKKINGMAHLZEITEN MARKE EIGENBAU

Man kann sich seine Mahlzeiten auch aus ausgewählten Produkten aus dem Supermarkt selbst zusammenstellen. Handelsübliche Trekkingnahrung hält sich zwar sehr lange, aber da man erst kurz vor der Tour packt, ist das völlig unerheblich. Am besten packt man Essen ein, das einem schmeckt, das in kleinen Größen abgepackt ist und keine langen Garzeiten erfordert. Je kürzer die Kochzeit, umso weniger Brennstoff muss man mitschleppen. Wer mit Allergien zu kämpfen oder spezielle Diätvorschriften einzuhalten hat, muss diese natürlich berücksichtigen.

Es überrascht, welche Vielfalt uns zur Verfügung steht, wenn eine überaus lange Haltbarkeit keine Rolle spielt. Dennoch werden Sie feststellen, dass es schwierig ist, eine nahrhafte 24-Stunden-Ration zusammenzustellen, die unter einem Kilogramm wiegt. Doch zum Glück kann man heutzutage Trekkingnahrung in Form separater Komponenten kaufen und dann nach eigenem Gusto zusammenstellen.

RATIONEN BERECHNEN

Beim Kalkulieren der Mengen muss man im Hinterkopf haben, dass bei anstrengenden Outdoor-Aktivitäten mehr benötigt wird als das, was die Hersteller als Normalportion angeben. Auf einer Paddeltour beginne ich den Tag zum Beispiel mit drei Beuteln Schnellkochhaferflocken, auf einer Wandertour mit zwei. Eins meiner Lieblingsessen sind Nudeln mit einer Dose Makrelenfilets. Doch hier koche ich die Nudeln mit extra viel Wasser, um mehr Brühe zu erhalten, denn am Abend einer Trekkingtour ist man normalerweise dehydrierter, als man denkt.

oben: Wer in der Wildnis kocht, muss flexibel und anpassungsfähig sein: Heute wird in einer Hütte gekocht, morgen auf der Ladefläche eines Land Rovers und übermorgen vielleicht gänzlich ohne alles.

WASSER

Wasser ist Grundlage des Lebens und die wichtigste Ressource beim Draußenkochen – vom Waschen der Hände, Oberflächen und Nahrungsmittel bis hin zum Wasser als Zutat. Wasser, das zum Kochen verwendet wird, muss sauber und unbedenklich sein. Wasser aus der Wildnis oder zweifelhafter Herkunft sollte aufbereitet und gefiltert werden, um Schwebstoffe, Krankheitserreger, Bakterien und Viren zu entfernen beziehungsweise abzutöten. Versuchen Sie, das Wasser möglichst aus einer verlässlichen Quelle zu entnehmen – so sauber wie möglich und vorzugsweise fließend.

Leider sind Gefahren, die im Wasser lauern, mikroskopisch klein und für das menschliche Auge unsichtbar. Auf Expeditionen verwende ich daher verschiedene Filtermethoden, um größere Partikel wie schädliche Protozoen und Bakterien zu entfernen, und koche das Wasser ab oder behandle es chemisch, um Viren abzutöten.

SCHWEBSTOFFE

Schwebeteilchen sind mit bloßem Auge erkennbar und machen das Wasser trübe oder milchig. Es kann sich um mineralische oder pflanzliche Partikel handeln oder auch um Algen. Ihnen können Krankheitserreger anhaften, sie

Kochfeuer der amerikanischen Ureinwohner mit improvisiertem Windschutz zur besseren Kontrolle des Feuers

können die chemische Entkeimung behindern oder im Falle von Gletscherabrieb bei Verschlucken Darmprobleme verursachen. Schwebstoffe setzen Wasserfilter zu und reduzieren damit die Durchlaufrate.

Am besten sucht man nach einer Wasserquelle, die nicht derart belastet ist. Ist das nicht möglich, seiht man das Wasser durch ein Tuch. Im Folgenden zwei empfehlenswerte Methoden:

1. Leichte Verunreinigung durch Schwebstoffe zur Vorfilterung durch ein Tuch aus Fallschirmseide (Nylon) seihen. Dazu das Nylon über einen großen Kochtopf spannen und mit Nylonschnur sichern. Das Wasser hineinschöpfen, das, nachdem es hindurchgesickert ist, schon viel sauberer wirkt. Danach einen weiteren, feineren Wasserfilter verwenden (siehe unten).
2. Regelrechtes Schlammwasser muss man wirksamer vorfiltern. Ich nehme hierzu eine Millbank-Filtertasche, wie sie auch die britische Armee verwendet. Diese Filtermethode geht nur langsam voran - ein leichter Dämpfer für allzu aufwendige kulinarische Ambitionen.

PROTOZOEN UND BAKTERIEN

Mit einer Größe von einem Mikrometer sind Protozoen und Bakterien groß genug, um durch Filtration entfernt zu werden. Im Laufe der Jahre habe ich eine erstaunliche Auswahl an Wasserfiltern benutzt. Man hat den Eindruck, dass alle zehn Jahre eine neue Filtermethode auf den Markt kommt. Momentan verwende ich Wasserfilter mit Hohlfasern. Diese sind hoch wirksam, aber nur, so lange man sie exakt nach Gebrauchsanweisung verwendet, besonders was die Reinigung, also das Durchspülen in entgegengesetzter Richtung angeht. Auf Tageswanderungen verwende ich einen kleinen Handpumpenfilter. Im Trekking- oder Paddler-Camp bevorzuge ich einen, der an einen Wassersack gekoppelt ist und die Schwerkraft für sich arbeiten lässt.

VIREN

Viel kleiner als Protozoen und Bakterien sind Viren - zwischen 0,5 und 2 Mikrometer. Durch Filtern sind diese kaum zu entfernen.

Doch zum Glück stellen Viren in der Wildnis meist nur eine geringe Bedrohung dar. Erst in der Nähe von menschlichen Ansiedlungen, besonders bei nur rudimentärer Kanalisation und Abwasseraufbereitung, werden sie zum Problem.

Mit Spitzenmodellen wie dem hervorragenden MSR Guardian lassen sich Viren zwar tatsächlich herausfiltern, aber wer klug ist, wird das gefilterte Wasser wohl immer noch zusätzlich chemisch behandeln oder abkochen. Denn alle Wasserfilter, egal nach welchem Prinzip sie arbeiten, verlangen eine korrekte Handhabung, und da der Mensch Fehler macht, sind Abkochen oder die chemische Aufbereitung der Gürtel zum Hosenträger. Nur so können wir sichergehen, dass wirklich kein Virus überlebt.

ENTKEIMUNG

Chemisches Entkeimen

Derzeit ist das Entkeimen des Wassers durch Chlor die verbreitetste Methode. Bei der chemischen Aufbereitung kommt es grundsätzlich auf die richtige Dosierung und die korrekte Kontaktzeit an. Bei Wasserflaschen und -kanistern müssen auch die Gewinde der Verschlüsse nach der Desinfizierung mit aufbereitetem Wasser durchgespült werden.

Entkeimen durch Abkochen

Um Wasser durch Abkochen keimfrei zu machen, muss es eine Minute lang sprudelnd kochen. Nicht kürzer, aber auch nicht länger, denn längeres Kochen auf einem Campingkocher ist Brennstoffverschwendung.

HYGIENE

Irrtümlich wird angenommen, das Kochen in der Wildnis sei zwar von Natur aus eine schmuddelige Angelegenheit, aber irgendwie auch gefeit gegen die Risiken und Gefahren der zivilisierten Küche. Das ist nicht der Fall, eher das Gegenteil: In der Wildnis müssen wir noch strenger auf Hygiene achten, besonders beim Umgang mit Nahrungsmitteln. Wer draußen zu Hause ist, findet so gut wie immer Umstände vor, die geradezu ideal sind für vermehrtes Bakterienwachstum und verunreinigte Lebensmittel. Wer hier auf Nummer Sicher gehen will, braucht ein wachsames Auge und ein gewisses Maß an gesundem Menschenverstand.

SAUBERE HÄNDE

Unsere Hände bergen das größte Risiko für eine Kreuzkontamination. Deshalb ist es äußerst wichtig, sie während des Umgangs mit Lebensmitteln und Küchengeräten sauber zu halten. Vorzugsweise durch sorgfältiges Händewaschen mit heißem Wasser und antibakterieller Seife. Keine Feldküche am festen Lagerplatz ist komplett ohne ordentliche Handwaschgelegenheit.

Kleinere Verletzungen und Schnitte sollten penibel sauber gehalten und abgedeckt beziehungsweise verbunden werden. In der Feldküche dürfen Fingerpflaster und Fingerlinge nicht fehlen. Lieber für alle sichtbar und zugänglich als versteckt aufbewahren!

UMGANG MIT WASSERBEHÄLTERN

Zur Vermeidung von Kreuzkontaminationen gilt in meinem Camp grundsätzlich die Devise, dass niemand mit schmutzigen Händen einen Wasserkanister öffnen darf und Verschlüsse immer sofort wieder zuzuschrauben sind. Wasserbehälter sind regelmäßig zu desinfizieren.

OBERFLÄCHEN, KÜCHENUTENSILIEN, BEHÄLTER

Alle Outdoor-Mahlzeiten beginnen und enden mit heißem Wasser: heißes Wasser, um vor der Zubereitung Gerätschaften, Werkszeug und Oberflächen abzuwischen und heißes Wasser für den Abwasch nach dem Essen.

In der Feldküche am festen Lagerplatz kann man für jede Gruppe von Lebensmitteln separate Schneidebrettchen vorhalten, am einfachen Biwakplatz in tiefster Wildnis ist das jedoch nicht praktikabel. Stattdessen plant man die Zubereitung so, dass rohe Nahrungsmittel separat verarbeitet und alle Messer, Behälter und Arbeitsoberflächen, die mit der Rohware in Berührung kamen, vor weiterer Benutzung gründlich gereinigt werden.

SICHERE AUFBEWAHRUNG VON NAHRUNGSMITTELN

Auch wenn auf einer Expedition mit Geländefahrzeug eine Kühlung möglich wäre, ziehe ich es vor, keine Essensreste aufzubewahren. Stattdessen muss man eben so planen, dass erst gar nichts übrig bleibt. Das Essen kommt unverzüglich auf den Tisch, sobald es fertig und solange es noch kochend heiß ist. Sollten doch Reste anfallen, werden sie entsorgt anstatt aufgehoben, da sie einen Nährboden für Bakterien bilden.

Wenn irgend möglich, versuche ich - ungeachtet eventueller Kühlmöglichkeiten - im Lager so viel Proviant wie möglich frisch zu besorgen. Der schlimmste Fall von Lebensmittelvergiftung, den ich je erlebt habe, passierte, weil auf einer Wüstenexpedition Fleisch zu lange im Camp-Kühlschrank lag. Der Koch hätte es gleich entsorgen sollen, meinte jedoch, er könne noch einen Tag rausschlagen. Na toll und vielen Dank auch! Und zudem unnötig: Mit Konserven oder Trockenproviant lässt sich eine Zeit ohne frische Zutaten gut überbrücken.

ANDYHANDY, DER PFIFFIGE WASSERSPENDER AUS FINNLAND

Der vielleicht wichtigste Ausrüstungsgegenstand in der Wildnisküche, sei sie nun vollendet oder nur ganz schlicht ausgestattet, ist ein AndyHandy, ein per Schwerkraft funktionierender Wasserhahn, der sich beispielsweise am Boden eines aufgehängten Eimers anbringen lässt. Drückt man mit dem Handrücken gegen das Nadelventil in der Mitte, lässt es kurz Wasser fließen und schließt sich gleich wieder von alleine. Kein Auf- und Zudrehen, keine Wasserverschwendung – ideal zum Händewaschen. Ich habe den AndyHandy in einen kleinen 5-Liter-Packsack eingepasst und gleich noch ein Stück antibakterielle Seife dazugehängt, eingebunden in ein Stück Moskitonetz-Stoff.

Somit habe ich Wasser und Seife immer parat und kann mir sofort die Hände waschen, wenn ich mit Fleisch oder Fisch hantiert habe. Leer passt dieser praktische Wasserspender sogar in die Hosentasche. Bei mir hat er seinen Stammplatz in der Deckeltasche meines Rucksacks. Und mit angenehm warmem Wasser gefüllt, kann ich damit sogar duschen.

TÖPFE UND PFANNEN, KESSEL UND KANNEN

Auf die verschiedenen Arten und Verwendungsmöglichkeiten von Töpfen und Pfannen wird in den Kapiteln zu konkreten Garmethoden, wie Braten, Kochen, Schmoren, näher eingegangen – hier nur ein kurzer Überblick als Richtschnur, um die Ausrüstung für eine Expedition planen zu können.

DER KOCHTOPF

Der im englischen Sprachraum als Billycan bekannte, an einen „Henkelmann" erinnernde Topf ist das vielseitigste und daher wichtigste Kochgeschirr. Mitunter findet man diese Art Töpfe auch unter der Bezeichnung „Hordentopf". Das Angebot an Formen und Größen ist jedenfalls riesig. Ich bevorzuge solche aus Edelstahl und natürlich mit einem Querbügelhenkel zum Aufhängen über der Wärmequelle. So ein Billycan – das Original stammt aus dem australischen Busch – ist oft ein hoher Topf oder so breit wie hoch, lässt sich gut am Rand des Feuers positionieren und eignet sich für alles, was mit Wasser gekocht wird. Ein Deckel ist von Vorteil und hält Asche und dergleichen fern.

Flache, breite Töpfe eignen sich eher für die ambitioniertere Outdoor-Küche. Sie werden am besten über der Wärmequelle hängend verwendet. Man reicht, weil sie nicht so hoch sind, beim Rühren leicht bis zum Topfboden und hat damit das Kochgeschehen besser unter Kontrolle. Für Soßen, Suppen und Eintöpfe das ideale Kochgeschirr.

DIE BRATPFANNE

Eine Bratpfanne ist das zweitwichtigste Kochgeschirr in der Draußenküche. Damit lassen sich schnell eine Vielzahl von Gerichten zaubern, einschließlich Bannock, das Fladenbrot der Waldläufer. Zu Hause hat man gewöhnlich eine gute

Pfanne mit dickem Boden, der die Wärme hält und, was am wichtigsten ist, die Hitze gleichmäßig verteilt. Wenn wir im Freien kochen, müssen wir, abgesehen von der Feldküche am festen Lagerplatz, zugunsten von Kompaktheit und geringem Gewicht Abstriche machen. Das Angebot an Bratpfannen ist groß, die Materialien verschieden – mit unterschiedlichen Vorzügen.

unten: Große schwere Töpfe und spezielle Kaffeekannen beziehungsweise Perkolatoren sind zwar sperrig und unhandlich, in der Feldküche am festen Lagerplatz öffnet sich damit jedoch eine ganze Welt an kulinarischen Möglichkeiten. Ist der Transport durch ein Fahrzeug mit dem nötigen Platzangebot gewährleistet, dann lautet die Antwort immer: Ja, unbedingt mitnehmen!

Gusseisen

Die gusseiserne Pfanne ist schwer und robust, wird nur langsam heiß, hält aber die Wärme gut und lange. Ideal zum Anbraten von Fleisch und zum Garen deftiger Gerichte. Die Hitzeverteilung könnte besser nicht sein, was ein wunderbar gleichmäßiges Garen ermöglicht. Unbeschichtetes Eisen korrodiert bei Kontakt mit säurehaltigen Speisen und muss gegebenenfalls vor der Benutzung eingebrannt werden (siehe S. 32). Das eigentliche Problem ist jedoch das Gewicht und selbst am festen Lagerplatz ist eine gusseiserne Bratpfanne übertrieben und grenzt an Dekadenz. Außerdem haben wir ja noch den Deckel vom gusseisernen Dutch Oven beziehungsweise Feuertopf, der als Bratpfanne dienen kann.

Stahl

Die schweren schwarzen Stahl- beziehungsweise Eisenpfannen erwärmen sich zwar schneller als gusseiserne, die Wärmeverteilung ist aber immer noch gut. Da sie im Vergleich dazu viel leichter sind, gelten sie als beste Wahl für den festen Lagerplatz und die per Fahrzeug transportierte Feldküche. Sie rosten und müssen daher meist ebenfalls eingebrannt werden (siehe S. 32), das ist jedoch kein Nachteil. Aufgrund ihrer Robustheit eignen sie sich ideal für die Outdoor-Küche. Am festen Lagerplatz hält man am besten gleich zwei Stück vor: eine richtig große, um für die Gruppe zu kochen, und eine mittlere für sonstige Einsätze. Der Rand sollte abgeschrägt und nicht zu flach sein, um auch Soßen kochen zu können.

Es gibt auch leichtgewichtige Stahl- und Eisenpfannen, mitunter mit Faltgriff oder Steckhülse für einen Holzgriff. Meine Lieblingseisenpfanne besteht aus mitteldünnem Blech und hat einen Klappgriff. Der Rand ist gut geformt und hoch genug, dass ein Bannockbrot nicht herausgleitet, wenn man die Pfanne schräg zum Feuer hält. Sie hat mir auf vielen anstrengenden Kanuexpeditionen treue Dienste geleistet und wird mit zunehmendem Alter immer besser.

oben: Leichtes Kochgeschirr für die Reise im Fahrzeug, bestehend aus einem Satz ineinander passender Kochtöpfe aus Edelstahl, groß, mittel und klein, einem Wasserkessel, zwei leichten Bratpfannen und ein paar Tellern. Das gesamte Set nimmt so gut wie keinen Platz ein und eröffnet viele kulinarische Optionen.

Aluminium

Der Vorteil von Aluminium ist das geringe Gewicht. Camping-Bratpfannen aus Alu sind in verschiedenen Ausführungen und Materialstärken erhältlich: dickwandige eloxierte oder antihaftbeschichtete, aber auch ultradünne und damit äußerst leichtgewichtige Pfannen, die sich beispielsweise im Kocherset des schwedischen Herstellers Trangia finden. Die dicken Pfannen weisen oft einen Klappgriff auf und eignen sich recht gut zum Braten auf dem Campingkocher oder zum Backen von Bannockbrot am Lagerfeuer. Und doch bin ich skeptisch, was eine Antihaftbeschichtung in der Draußenküche angeht. Sie verträgt sich nicht gut mit den hohen Temperaturen, die beim Kochen am Lagerfeuer herrschen. Ich sage nicht, dass sich diese Pfannen nicht eignen, sondern dass sie ein gewisses Geschick und Erfahrung seitens des Kochs erfordern – meist ist es jedoch gerade der unerfahrene Outdoor-Koch, der gerne zur antihaftbeschichteten Bratpfanne greift …

ULTRADÜNNE PFANNEN HANDHABEN

Trotz ihres dünnen Materials lässt sich die Pfanne von Trangia gut verwenden. In den vergangenen Jahren kamen antihaftbeschichtete und harteloxierte Pfannen auf den Markt, aber meine Lieblingspfannen sind die aus Duossal, einem Laminat aus Edelstahl und Aluminium, ebenfalls von Trangia. Wofür Sie sich auch entscheiden, eine ultradünne Pfanne erfordert weniger Hitze und mehr Können sowie permanente Konzentration. Die Pfanne muss ständig bewegt werden, damit sich die Hitze des kleinen Brenners gleichmäßig verteilt.

unten: Mein weit gereistes und viel benutztes Paddlerlager-Kochgeschirr. Kanutouren können das Material stark beanspruchen, man sollte also unbedingt Pfannen in guter Qualität mit Vollnieten verwenden. Mein Kochgeschirr, ideal für zwei bis drei Leute, umfasst einen mittleren und einen kleinen Kochtopf aus Edelstahl, einen 1-Liter-Wasserkessel aus Edelstahl und eine kleine Pfanne mit Klappgriff für Bannockbrot. Utensilien wie Kochlöffel oder Pfannenwender lassen sich aus Treibholz schnitzen.

Edelstahl

In der heimischen Küche haben wir Edelstahlpfannen mit schwerem Boden, der für gleichmäßige Hitzeverteilung sorgt. Edelstahlpfannen für den Outdoor-Bereich sind hingegen sehr dünn und müssen ebenfalls permanent in Bewegung gehalten werden, damit nichts ver- und anbrennt. Ihr einziger Vorteil ist, dass sie nicht rosten.

EISENTÖPFE UND -PFANNEN EINBRENNEN

Eisen- und Karbonstahlpfannen sind porös und müssen meist eingebrannt werden. Das verhindert die Rostbildung und ein Stück weit auch das Anhaften des Bratguts. Pfannen einzubrennen ist nicht schwer und soll weiter hinten Thema sein, aber da es zwischen den Expeditionen zur Pflege des Kochgeschirrs von Zeit zu Zeit immer mal wieder gemacht werden muss, folgt hier ein kurzer Überblick, was bei verschiedenen Pfannenarten zu tun ist:

1. Zunächst den Topf dreimal mit sehr heißem Wasser auswaschen. Besonders bei neuem Kochgeschirr ist das wichtig, da es mit einer dicken Korrosionsschutzschicht aus Wachs versehen sein kann. Unbedingt eine kleine Menge Spülmittel verwenden.
2. Den Topf sehr gut abspülen und gründlich abtrocknen.

Bei Wok oder Bratpfanne:

1. So lange erhitzen, bis ein Tropfen Wasser, den man draufspritzt, augenblicklich verdampft. So viel Öl mit hohem Rauchpunkt (siehe S. 96) hinzugeben, dass die gesamte innere Oberfläche großzügig benetzt ist.
2. Die Hitze reduzieren, ein paar Zwiebelscheiben hinzugeben und braten, bis sie weich sind. Dabei wieder die gesamte Innenoberfläche benetzen. Nicht anbrennen lassen.
3. Zwiebeln wegwerfen und Pfanne abkühlen lassen.
4. Mit heißem Wasser ausspülen, abtrocknen und dasselbe noch zweimal wiederholen.
5. Zum Schluss die Pfanne mit einem ganz leicht mit Öl getränkten Stück Küchenpapier auswischen.

Bei Topf oder Pfanne aus Gusseisen:

1. An einem trockenen Tag ein gutes Holzkohlenfeuer entzünden und ein Grillblech darüberlegen. Darauf die zuvor ausgewaschene Pfanne sehr stark erhitzen und dann unter Verwendung von Handschuhen und Zange innen und außen mit Küchenpapier auswischen, das mit Öl (mit hohem Rauchpunkt) oder Pflanzenbackfett getränkt wurde.
2. Den Topf verkehrt herum auf die Platte über der Glut stellen, bis kein Rauch mehr aufsteigt.
3. Vom Feuer nehmen und abkühlen lassen.

PFLEGE VON TÖPFEN UND PFANNEN

Wer lange Freude am Kochgeschirr haben möchte, wiederholt das Einbrennen in regelmäßigen Abständen. Lassen Sie sich nicht von Schwarzsehern und Miesepetern verrückt machen, die Ihnen weismachen wollen, die Pfanne sei für immer ruiniert, sobald sie mal mit Spülmittel in Berührung kam – Eisen und Karbonstahl sind in Wirklichkeit leicht zu handhabende Materialien, die vieles verzeihen. Wer schon einmal so eine Pfanne auf einer zünftigen Expedition hart rangenommen hat, der lacht kurz über derlei Unsinn … und greift nach dem Salzfässchen.

DER WASSERKESSEL

Ein Wasserkessel hat etwas Anheimelndes, etwas Sentimental-Atmosphärisches – irgendwie beschwört er, wie er so über dem Feuer hängt und vor sich hin blubbert, ein gewisses Wohlgefühl herauf. Ich bevorzuge Wasserkessel im skandinavischen Stil, extra für den Outdoor-Gebrauch entworfen, mit kurzer, kaum wahrzunehmender Tülle und eher niedrig und gedrungen gehalten mit planem Boden. Diese Form lässt sich gut im Rucksack transportieren. Vorzugsweise in einem Packbeutel verstaut, damit nicht alles, womit der Kessel unterwegs in Berührung kommt, voller Ruß ist.

Wer viel Kaffee kocht, sollte über einen extra Kaffeekessel nachdenken. Die alten Hasen behaupten, man dürfe ihn immer nur ausspülen und der Kaffee würde, je älter die Kanne ist, umso besser schmecken. Ob dem wirklich so ist, muss jeder für sich entscheiden.

DIE KOCHSTELLE

Ich habe den Überblick verloren, wie viele verschiedene Kocher ich draußen in der Natur schon verwendet habe. Im Laufe der Zeit haben immer neue Materialien und Ideen die älteren Modelle ersetzt. Manche Kocher, die mich ein paar Jahre lang treu begleiteten, sind inzwischen vergessen. Die ersten, die ich je verwendet habe – Wunderwerke aus Messing, an die ich gern zurückdenke –, stehen heute größtenteils in Museen – Technik einer längst vergangenen Ära. Interessanterweise hat sich meine Haltung gegenüber Kochern mit zunehmender Erfahrung entsprechend gewandelt. Hier nun die Kocher, die ich am meisten verwende – nichts Besonderes, sondern Modelle, die robust und verlässlich sind und die sich bewährt haben.

DAS LAGERFEUER

Die Mutter aller Kochstellen, das Lagerfeuer, ist und bleibt die vielfältigste Wärmequelle zum Kochen. Ein Feuer zu handhaben, erfordert jedoch gewisse Fertigkeiten, die zu lernen und zu meistern viele Jahre dauert. Und dennoch koche ich sehr gerne über offenem Feuer, lieber als auf allen Kochern der Welt. Bedauerlicherweise wird die

oben: Das Kochset von Trangia mag ich besonders. Es ist zwar etwas sperrig, bietet aber eine leichtgewichtige, stabile und vielseitige Kochstelle.

Verwendung von Kochfeuern mehr und mehr reguliert und verboten. Ob das Verbot eines klimaneutralen Lagerfeuers gerechtfertigt ist, gehört jedoch nicht hierher und sollte an anderer Stelle ausführlich diskutiert werden.

DAS KOCHERSYSTEM VON TRANGIA

Der Sturmkocher von Trangia ist vom Aufbau her zwar sperrig, aber dennoch einer meiner Lieblingskocher – er wohnt dauerhaft in meinem Geländefahrzeug, wo ich ihn immer dabeihabe, wenn ich motorisiert in die Wildnis ziehe. Er ist einfach und schnell aufgebaut, ideal zum Aufbrühen eines labenden Getränks, genügt aber auch echten kulinarischen Ansprüchen, da er die Zubereitung von ordentlichen, soßenbasierten Gerichten ermöglicht.

Die Konstruktion ist unglaublich stabil und bietet besten Windschutz. Der Kocher lässt sich auch mit anderen Brennern verwenden. Der dazugehörige Spiritusbrenner ist einfach, elegant und funktioniert. Ich mag ihn, da er ohne bewegliche Teile auskommt, Ethanol als Brennstoff eine saubere Sache ist und vor allem, weil er so leise brennt. Zugegeben, im Wettlauf mit anderen Kochern ist er etwas langsam, aber wie oft läuft man denn um die Wette? Wenn ich energieeffizienter kochen will, tausche ich den Spiritus- gegen den Mehrstoffbrenner aus und kann diverse Brennstoffe mit schnelleren Kochzeiten verwenden. Hier bevorzuge ich übrigens das besonders reine Katalyt-Benzin von Coleman.

DER ZWEIFLAMMIGE HERD VON COLEMAN

Man hat den Eindruck, dass in den Zelten der Inuit-Jäger und der nordkanadischen *First Nations* noch nie ein anderer Kocher stand. Einfach, robust und zuverlässig tut er, was er soll. Ersatzteile sind praktisch überall zu haben und so hält ein solcher Campingherd bei etwas Pflege theoretisch ein Leben lang.

UMFANG DER KOCHAUSRÜSTUNG

KOCHZEUG FÜR EINE TAGESWANDERUNG

- Feldbecher aus Metall und Wasserflasche
- Deckel für den Feldbecher
- Spiritusbrenner
- Ständer/Unterbau für den Brenner
- Auswahl an Getränkebeuteln
- Brennstoffflasche
- Verpflegung (abgepackte Tagesration)
- Löffel
- Schweizer Taschenmesser
- Feuerstahl mit Schaber (z. B. den Fire Stick von Woodlore)

Das nehme ich auf Tageswanderungen mit – es ist ohne Frage das am meisten von mir benutzte Kochzeug. Hinlänglich kompakt sowie schnell und einfach zu handhaben, erlaubt es mir, nach Lust und Laune eine Rast einzulegen und mir ein Heißgetränk frisch aufzubrühen. Daher überrascht es auch nicht, dass sich dieses Kochzeug in meinem kleinen Tagesrucksack fest eingenistet hat.

Anstatt eine Thermosflasche mit begrenzter Kapazität mitzunehmen, nehme ich lieber einen sehr leichten Kocher mit. Eine kleine Menge Brennstoff erlaubt es mir, viele Liter Wasser zu kochen. Sollte man die Nacht aufgrund einer Verletzung oder eines Navigationsfehlers draußen verbringen müssen, können Heißgetränke Leben retten. Ich habe diese Ausrüstung viele Male sogar auf längeren Touren benutzt und mich zusätzlich auf die weiter hinten beschriebenen Kochmethoden der Pfadfinder (siehe S. 49–79) verlassen.

Wie man sieht, vertraue ich hier auf einen treuen Trangia-Brenner. Meine Auswahl an Getränkebeuteln – Kaffee, Tee, Instantgetränke – verwahre ich in einem kleinen wasserdichten Packsack.

KOCHZEUG FÜR EINE MEHRTAGESWANDERUNG

Allein unterwegs

- Kochzeug für eine Tageswanderung (siehe gegenüberliegende Seite)
- Kocher: Littlbug Junior Stove
- schmaler Topf beziehungsweise Billycan, ca. 12 cm im Durchmesser
- Titantopf
- größerer Brennstoffvorrat
- Verpflegungsrationen

Auch eine Mehrtagestour ist mit der Tagestour-Ausrüstung machbar, aber da schränkt man sich sehr ein. Wer ein zweites Kochgefäß dabeihat, wird dieses spätestens zu den Mahlzeiten zu schätzen wissen. Meine Ausrüstung setzt sich, wie immer bei mir, aus Einzelteilen von verschiedenen Herstellern zusammen. Der *Billycan* ist aus Edelstahl und misst nur 12 cm im Durchmesser. Ich könnte einen leichteren nehmen, bevorzuge aber die Robustheit des Edelstahls – einerseits, wenn der Topf überm Feuer hängt, andererseits, wenn er auf einer harten Tour ebenso behandelt wird.

In seinem Innern verstaue ich den Kocher, einen Littlbug Junior Stove. Dieses ausgesprochene Leichtgewicht passt auseinandergebaut saugend in den Topf und nimmt somit keinen extra Raum ein. Zusammengebaut bietet er eine ausreichend breite, stabile Kochstelle für den schmalen *Billycan* und kann mit einem Trangia-Brenner betrieben werden oder durch das Abbrennen kleiner Hölzer, was unglaublich gut funktioniert. Dieser Kocher benötigt sehr wenig Platz und ich kann wie bei einer Matrjoschka-Puppe noch einen Titantopf mit Querbügel und Klapp-Tassenhenkeln hineinpacken sowie meine Getränkebeutel und den Trangia-Brenner.

> Wenn irgend möglich, sollte man Töpfe mit Bügelhenkeln wählen, denn die lassen sich übers Feuer hängen

Zu zweit unterwegs

- Trinkbecher und Wasserflaschen für beide
- Kochset Trangia 25
- Spiritusbrenner oder Mehrbrennstoffbrenner – je nach Temperatur und Dauer der Tour
- fertige Verpflegungsrationen oder Grundnahrungsmittel zum Selberkochen

Wer zu zweit reist, muss entscheiden, ob jede Person ein eigenes Kochzeug mitnimmt oder ob man sich eins teilt. Wer die ganze Tour über zusammenbleibt und das Gepäck aufteilt, hat's leichter – im wahrsten Sinne des Wortes. Und damit bezüglich des Gewichts mehr Kapazitäten für mehr oder frische Essensvorräte.

Da in den meisten Nationalparks Lagerfeuer verboten sind, nehme ich einen Kocher mit, und zwar den Trangia 25 im Set. Ich gebe zu, dieses Set habe ich viele Jahre lang überhaupt nicht gemocht, aber nun, da die Töpfe und Pfannen aus Duossal erhältlich sind – Alu mit Edelstahl ausgekleidet – wurde dieses Set mit der Zeit regelrecht zum Lieblingsteil.

KOCHZEUG FÜR DIE PADDELTOUR

- Trinkbecher und Wasserflaschen für jede Person
- Wasserkessel aus Edelstahl
- Bratpfanne aus Gusseisen
- ein Satz Edelstahltöpfe mit Querbügel
- Werkzeugwickel
- kleines Schneidebrett
- Verpflegungsrationen

Bei den meisten Paddeltouren ist es möglich, überm offenen Feuer zu kochen (im Falle von Waldbrandgefahr oder restriktiven Brandschutzvorschriften verwende ich den weiter oben beschriebenen Kocher aus dem Trangia-25-Kochset). Das Kochen über offenem Feuer strapaziert Kochtöpfe über die Maßen, man sollte also in gute aus

KOCHAUSRÜSTUNG FÜRS MOBILE CAMPEN MIT KRAFTFAHRZEUG

- Trinkbecher und Wasserflaschen für jede Person
- ein Satz großer Töpfe (Hordentöpfe mit Querbügel)
- großer Wasserkessel
- *Bedourie Oven*
- Bratpfanne
- Kaffee-Perkolator
- Kocher: Petromax Atago
- Dreibein

Das provisorische, mobile Wildniscamp motorisierter Abenteurer ist zwar leichtgewichtig ausgestattet, aber durch den Transport per Auto können wir uns, was die Ausrüstung angeht, durchaus etwas Luxus gönnen. Der Atago-Kocher ist hier ideal – läuft umweltfreundlich und ohne Spuren zu hinterlassen.

Edelstahl investieren, mit kräftigen Bügelhenkeln und mit Stahl- anstatt den hin und wieder schmelzenden Aluminiumnieten. Den Satz Töpfe, den ich verwende, habe ich nicht fertig gekauft, sondern über die Jahre zusammengeschustert und außerdem arg strapaziert. Das Kochzeug für die Paddeltour ist für zwei oder drei Leute ideal, für vier Personen bräuchte man noch einen weiteren Topf. Wir gehen natürlich davon aus, dass wie immer pro Person ein Trinkbecher und mehrere Wasserflaschen eingepackt werden.

Der kleine Wickel für Küchenwerkzeug ist leicht und praktisch. Meine wichtigsten Zutaten packe ich in mit Druckverschlussbeuteln ausgekleidete Ledersäckchen, die wiederum in einen wasserdichten Packsack kommen. Sobald sie zur Neige gehen, fülle ich aus der großen Essenstasche, -kiste oder -tonne nach. Dieses System hat sich über viele Touren entwickelt und soll so einfach wie möglich funktionieren. Dennoch ist die Kulinarik hier ein wenig begrenzt, da doch ein paar Zutaten fehlen.

KOCHAUSRÜSTUNG AM FESTEN LAGERPLATZ

- Trinkbecher und Wasserflaschen für jede Person
- ein Satz großer Töpfe (Hordentöpfe mit Querbügel)
- voll ausgestattete Küche
- *Potjie* (südafrikanischer Gusseisenkessel)
- Schmortopf aus Gusseisen (*Dutch Oven*, Feuertopf)
- Lagerfeuer-Grillrost/Grillblech, zusammenklappbar
- Dreibein

GRUNDLAGEN DES KOCHENS: METHODEN UND ZUTATEN

Neben dem Schmoren, Braten, Grillen und dergleichen gibt es ein paar Zubereitungsarten und Gruppen von Gerichten, die mehrere Kategorien des Kochens kombinieren und damit nicht nur von Vielfalt zeugen, sondern einfache Gerichte aus der Profanität holen und zum denkwürdigen Ereignis werden lassen. Dazu gehören Soßen, Suppen und Currys – Eckpfeiler des Kochens in Topf und Pfanne – sowie Gebackenes und Brot als Beilage oder Zwischengericht. Gewusst wie, ist das alles recht einfach zu bewerkstelligen, erfordert allerdings ein paar Kenntnisse und bestimmte Zutaten, um wirklich gut zu gelingen.

SOSSEN

Im Grunde hält die Soße ein Gericht zusammen, mehr nicht. Aber auch nicht weniger, denn im besten Falle erwirkt sie eine magische Verwandlung und hebt das Gericht auf eine neue Stufe gastronomischer Wonnen. Soßen sind im wahrsten Sinne des Wortes Herz und Seele der guten Küche.

Für jeden, der kocht – egal ob in der Kombüse eines winzigen Schiffs oder im zugigen Eingangsbereich eines Bergzelts –, lohnt es sich, ein gutes Repertoire an Soßen draufzuhaben. Wer Soßen kann, hat auch ein tieferes Verständnis für das Kochen entwickelt, für das Jonglieren mit Zutaten und Geschmacksnoten, was in Zeiten, da man Zutaten nur in begrenztem Umfang zur Verfügung hat und improvisieren muss, vielleicht am wichtigsten ist.

Natürlich zwingt uns oft die schiere Notwendigkeit, uns von abgepackten Trekking-Rationen zu ernähren. Aber es gibt auch Zeiten, da sollte unser Anspruch sein, gerade draußen in der Natur möglichst grandiose Mahlzeiten zu kochen. Im Anhang finden Sie eine Reihe von Soßen, die ich auf Expeditionsreise brauchbar fand. Manche lassen sich leicht auf einem minimalistischen Trekkingkocher zubereiten, andere sind eher etwas für die Feldküche am festen Lagerplatz. Doch haben alle ihre Berechtigung, denn im Laufe einer Abenteuerreise kann es durchaus passieren, dass man einen Tag in einer Lodge kocht, den nächsten in einer Hütte und dann wieder unter freiem Himmel. Ausrüstung und Zutaten mögen variieren, unsere kulinarischen Prinzipien sollten es nicht.

Die Küchenprofis dieser Welt mögen mir meine Vereinfachung nachsehen, aber Soßen setzen sich im Grunde aus dreierlei zusammen: der Grundlage, also einer Grundbrühe beziehungsweise einem Fond, den geschmacksgebenden Zutaten und etwas, das alles bindet.

Brühe als Soßengrundlage

Meistens steht uns die Grundbrühe nur in dehydrierter Form als Brühwürfel oder gekörnte Brühe zur Verfügung. Da der Fond für eine Soße jedoch äußerst wichtig ist, steuere ich auch hierfür ein paar Rezepte zum Selbermachen bei – zumal die Zubereitung kinderleicht ist. Außerdem macht es einfach Freude, wunderbare Aromen einzufangen und dabei gut und respektvoll mit den Zutaten umzugehen. Auch weiß man, wenn man von der untersten Stufe an alles selber kocht, genau, was im Essen drin ist und hat Kontrolle über die Würzstärke und besonders den Salzgehalt.

Geschmacksgebende Zutaten

Im Grunde sind die elementarsten Gemüse, Kräuter und Gewürze, die wir bei Soßen (und anderen Gerichten) verwenden, die wichtigsten Zutaten überhaupt. Viele kann man heute in getrockneter Form leicht transportieren. Man sollte jedoch nicht vergessen, dass sich Gemüseteile, die man bei der Zubereitung anderer Gerichte nicht verwendet – Schalen und dergleichen –, bei der Soßenzubereitung noch sehr gut verwerten lassen, weil sie Geschmack bringen.

EINE ZWIEBEL SEHR FEIN WÜRFELN

1 Die Zwiebel längs halbieren.

2 Jede Hälfte senkrecht in viele parallele Scheiben schneiden.

3 Jede Hälfte ein- oder zweimal waagerecht zu zwei Dritteln der Zwiebellänge einschneiden.

4 Auf diesen zwei Dritteln viele parallele Scheiben senkrecht bis unten schneiden. Voilà: feine Würfelchen!

genheit, die die richtigen Methoden zum Einfangen des Geschmacks meisterhaft beherrschten. Gleichzeitig lasse ich mich aber auch von der Nouvelle Cuisine inspirieren, von den neuen Meisterköchen, die mit kürzeren Garzeiten arbeiten, um Nährstoffe und Farben zu erhalten. Das schnelle Kochen kommt natürlich auch uns zugute, die wir mit einem kleinen Trekkingkocher und begrenztem Brennstoffvorrat etwas Leckeres zaubern möchten.

Für mich ist draußen in der Natur Suppe zu kochen eine große Freude, hat etwas Andächtiges, ja Spirituelles. Ganz besonders empfinde ich so, wenn ich für andere Outdoor-Begeisterte koche. Meine Verantwortung ist es, meinen Gästen Ehre zu erweisen, indem ich das Potenzial der hochwertigen Zutaten, die mir zur Verfügung stehen, würdige. Als Koch bin ich lediglich das Bindeglied, das Menschen und Natur zusammenbringt.

Es stimmt zwar, dass ich auf Expeditionen manchmal auf konservierte anstatt frische Zutaten zurückgreifen oder Fehlendes durch etwas anderes ersetzen muss, aber Inspiration und Methodik sind bei mir klassisch, und selbst mit schlechten Zutaten führt gute Zubereitung zu einem guten Ergebnis.

Vorbereitung der Zutaten

Die Zubereitung von Suppe erfordert die ausführliche Vorbereitung der Zutaten – was hauptsächlich aus dem Kleinschneiden von Gemüse besteht. Sich die Zeit zu nehmen und die Methoden zum Würfeln von Zutaten zu erlernen, lohnt sich. Am wichtigsten überhaupt ist vielleicht die Fertigkeit, sehr schnell sehr kleine Würfel zu fabrizieren. Man denke nur an die feine *Brunoise* der französischen Küche. Moderne Suppenrezepte verlangen oft nach einem Mixstab, um die Suppe gegen Ende der Garzeit zu pürieren, aber draußen in der Wildnis haben wir keinen Mixstab, also müssen wir das kompensieren, indem wir die Zutaten im Vorfeld sehr klein schneiden. Einige lösen sich dann beim Kochen auf, andere wiederum nicht, aber in der Kombination verleiht dies der Suppe einen ganz zauber-

> Wenn ich *sous le ciel*, also „unter freiem Himmel" koche, folge ich einem Leitsatz, der bei mir über allem steht: Dass das Kochen im Freien weniger wert sei als das Kochen im Haus, ist ein Klischee, dem es zu trotzen gilt.

haften rustikalen Charme. Außerdem werden feingeschnittene Zutaten schneller gar und schonen damit unseren Brennstoffvorrat. Die nötigen Kniffe beim Kleinschneiden zeigt die Abbildung auf der linken Seite.

Die Geschmacksbasis

Wie Sie feststellen werden, liegt nahezu allen Suppen, Soßen, Eintöpfen und Schmorgerichten eine geschmackliche Ausgangsbasis zugrunde. Klassischerweise besteht diese aus Zwiebelwürfeln, Sellerie und Möhren, die in Butter oder Öl auf kleiner Flamme angeschwitzt werden, bis sie glasig sind, jedoch noch nicht braun. In der französischen Küche wird dies *Mirepoix* genannt. Im deutschen Sprachraum kennen wir Suppengrün oder Wurzelwerk. Die Bestandteile können je nach Rezept und Verfügbarkeit variieren. Ich zum Beispiel ersetze den Sellerie mitunter durch geschälte Stängel der Sumpf-Kratzdistel. Bei der Zubereitung von Suppen mit mildem Geschmack muss auch die Geschmacksbasis milder ausfallen – also Schalotten anstatt Zwiebeln. Ein gutes Gelingen der Suppe entscheidet sich in diesem frühen Stadium, bevor die geschmacksintensive Masse mit der Brühe aufgefüllt wird. Es ist äußerst wichtig, dass nichts anbrennt! Gerade wenn wir draußen kochen, in Töpfen und Pfannen mit sehr dünnen Böden, müssen wir hier besonders aufpassen. Falls Sie befürchten, nicht alles ausreichend unter Kontrolle zu haben, fügen Sie bereits in diesem frühen Stadium ein paar Löffel Brühe hinzu, damit das *Mirepoix* auf keinen Fall anbrennt. Denn das wäre eine Katastrophe und die ganze Suppe würde verbrannt schmecken.

Kräuter

Ich bevorzuge immer frische Zutaten. Das ist bei mir fast zur Manie geworden, sodass ich mit Vorliebe dort mein Lager aufschlage, wo ich wild wachsende Kräuter finde. Zu diesen Orten gehören die Berge der Provence, wo überall wilder Thymian und wilder Rosmarin zu finden ist. Getrocknete Kräuter wiegen allerdings kaum etwas, lassen sich auf einer Expedition daher leicht transportieren und sind dennoch eine enorme Bereicherung für jedes Gericht.

Kräuter, die an heißes Klima angepasst sind, wie Thymian, Lorbeer, Rosmarin, Salbei und Oregano, welken in der Feldküche nicht so schnell. Am besten gibt man sie schon früh zum Gericht, möglichst schon beim Anschwitzen. Das setzt die aromatischen ätherischen Öle aus den Blattdrüsen frei. Zartere Kräuter, wie Koriander, Petersilie, Basilikum und Estragon, neigen eher zum Welken und sind für die mobile Wildnisküche daher weniger geeignet. Wer sie aber benutzt, sollte sie auf jeden Fall möglichst spät zum Gericht geben. Wilde Minze findet man oft in der Natur, ebenso andere Wildkräuter, die zwar weniger geschmacksintensiv sind als die klassischen Küchenkräuter, sich aber frisch wunderbar zum Garnieren eignen.

Getrocknete Kräuter sollte man luftdicht und lichtgeschützt aufbewahren – sparsam einsetzen und immer gut abschmecken! Zu viel von einem getrockneten Kraut kann eine Suppe ruinieren.

BOUQUET GARNI

Mir persönlich macht es überhaupt nichts aus, ein Lorbeerblatt oder einen ganzen Thymianzweig aus meinem Essen fischen zu müssen, erst recht nicht, wenn es ausgezeichnet mundet. Es gibt aber Menschen, die das stört. Daher lohnt es, einmal von einem Bouquet garni gehört zu haben. Das ist ein Kräutersträußchen – Lorbeerblatt, Thymianzweig und Kerbel, zwischen zwei Selleriestücke platziert und mit einem Faden zusammengebunden – und lässt sich vorm Servieren leicht aus der Suppe nehmen. Ich habe allerdings noch nie Kerbel mit in die Feldküche genommen, ich verwende stattdessen das Sellerielaub und nehme statt Faden die Fasern aus dem Stängel einer Nessel.

Gewürze

Gewürze sind normalerweise bereits getrocknet, wenn man sie kauft. Daher eignen sie sich hervorragend für das Kochen unterwegs und für Outdoor-Reisen. Wie getrocknete Kräuter werden auch sie möglichst luftdicht und lichtgeschützt aufbewahrt. Gewürze entfalten ihr Aroma am wirksamsten in heißem Öl und werden daher schon früh im Zubereitungsprozess hinzugegeben. Einige Gewürze wie Sternanis und Nelken können im Ganzen verwendet werden, während man Kardamom zwischen zwei einigermaßen glatten Steinen oder mit dem Rücken einer Axt zerdrückt. Im Übrigen bieten sich bereits gemahlene Gewürze an. Auf jeden Fall mit Bedacht verwenden, denn sie verbrennen leicht – besonders, wenn dünnwandiges Kochgeschirr mit hoher Wärmeleitfähigkeit zum Einsatz kommt.

Suppen ein- und andicken – verschiedene Methoden

REDUKTION

Die einfachste Methode, Suppen, Soßen oder Currys einzudicken, ist das Reduzieren. Das bedeutet, man kocht das Gericht so lange, bis ausreichend Flüssigkeit verdampft ist. Dabei intensiviert sich der Geschmack. Aus diesem Grunde gibt man Salz normalerweise auch erst gegen Ende hinzu. Der Nachteil ist der erhöhte Brennstoffverbrauch – bei Verwendung eines Trekkingkochers nicht unerheblich – und die Reduzierung der verfügbaren Essensmenge.

MEHL

Die klassische Methode zum Andicken von Suppen und Soßen ist die Mehlschwitze, auch Einbrenne oder französisch Roux genannt. Dazu mischt man geschmolzene Butter oder Öl und Mehl zu gleichen Teilen in einer Pfanne und erhitzt die Masse unter Rühren ein paar Minuten lang, um den mehligen Beigeschmack zu tilgen. Dabei entwickelt sich ein schönes nussiges Aroma. Je dunkler die Mehlschwitze, umso weniger wirkungsvoll lässt sich damit eine Suppe oder Soße tatsächlich andicken, aber umso besser eignet sie sich für dunkle Suppen und Soßen.

Die drei Bräunungsgrade der Mehlschwitze

1. Die weiße Mehlschwitze ist ungebräunt und wurde lediglich so lange erhitzt, dass der mehlige Beigeschmack verschwunden ist.
2. Die blonde Mehlschwitze ist, wie der Name verrät, von goldener Farbe.
3. Die braune Mehlschwitze besitzt von allen dreien das intensivste Aroma.

Eine Mehlschwitze bereitet man gewöhnlich in einer separaten Pfanne und lässt sie, damit sich keine Klümpchen bilden, erst abkühlen, ehe man sie zu kochend heißer Brühe gibt. Wenn die Zeit drängt, gebe ich eine kleine Menge heißer Brühe zur warmen Mehlschwitze, verquirle sie zu einer glatten Masse und rühre diese verdünnte Mehlschwitze dann in die Brühe. Steht nur ein einziger Topf zur Verfügung, kann man alternativ auch das Mehl direkt über glasig gedünstete *Mirepoix* stäuben und das Ganze gut verrühren – die entstehende Paste ist immer etwas klumpig. All diese Methoden finden sich in den Suppen-, Soßen- und Curry-Rezepten wieder. Ich empfehle jedoch, nach Möglichkeit wenigstens einmal eine Mehlschwitze einzeln und unabhängig von der *Mirepoix* zuzubereiten, damit Sie verstehen, wie sich das Aroma verändert, wenn man das Mehl richtig durcherhitzt.

MAISSTÄRKE UND ARROWROOT

Auch mit Maisstärke (Stärkemehl, Speisestärke) oder Arrowroot (Pfeilwurzelmehl) lassen sich Suppen, Soßen und Currys andicken. Dazu 2 TL Mais- oder Pfeilwurzelmehl in 2 TL kaltem Wasser verrühren, bis sich etwaige Klümpchen gelöst haben. Die nunmehr glatte Masse mit dem Schneebesen in die heiße Brühe einquirlen und das Ganze ein paar Minuten kochen. Pfeilwurzelstärke dickt doppelt so gut an wie Maisstärke und ist zudem gesund.

KARTOFFELN

Kartoffeln eignen sich hervorragend zum Andicken von

Suppen aller Art, da sie beim Garen weich werden. In kleine Stücke geschnitten, zerfallen sie beim Verquirlen. Auch dehydrierte Kartoffeln in Form von Flocken oder Pulver lassen sich an dieser Stelle verwenden. Aber Vorsicht mit der Menge, sonst wird aus der Suppe alsbald Mus.

REIS

Auch Reis kann zum geschmacksneutralen Andicken von Suppen verwendet werden. Dazu kocht man etwas Reis übermäßig weich und dickt die Suppe mit dem Kochwasser an, aus dem zuvor die verkochten Reiskörner abgeseiht wurden.

MILCHPRODUKTE

Eine breite Palette von Milchprodukten eignet sich zum Andicken und Verfeinern von Suppen. Sahne, Crème fraîche, saure Sahne, Milch, Kondensmilch und Milchpulver – all das kommt in Frage.

Alternative Zutaten

Bei den Suppenrezepten gehe ich von frischen Zutaten aus, die aber nicht immer zur Verfügung stehen. Doch keine Sorge, Ihren Kochambitionen steht dennoch nichts im Wege, denn heute haben wir mehr denn je Zugang zu allen möglichen getrockneten oder anderweitig haltbar gemachten Zutaten, die sich für das Reisen mit leichtem Gepäck wie auch für Expeditionen eignen – dehydriertes Gemüse ist das beste Beispiel. Ich verwende seit Langem getrocknetes beziehungsweise gedörrtes Gemüse auf Dschungelexpeditionen. Man weicht es schön lange in Wasser ein, damit es ausreichend quellen und wieder Wasser aufnehmen kann. Vorzugsweise über Nacht. Ich verwende hierfür eine mit Wasser gefüllte Weithalsflasche von Nalgene.

Auch die Wildnis bietet Zutaten. Wer essbare Pilze und Pflanzen kennt und findet, kann seine Suppen und andere Gerichte daraus kochen beziehungsweise sie damit wunderbar verfeinern. Ich selbst nehme gerne Wald- und Wiesenpilze mit, die ich zu Hause getrocknet habe. Dazu ist es natürlich wichtig, entsprechende Kurse zum Bestimmen von Essbarem aus Wald und Flur absolviert zu haben. Ich habe schon tragische Berichte von begeisterten Laien gehört, die sich versehentlich vergiftet haben. Auch Angler, Jäger und kundige Muschelsammler können sich mit eigenen Zutaten für eine Suppe versorgen. Denn das ist es, was am Suppekochen so viel Freude macht: Ein Rezept so abzuwandeln, dass lokal oder saisonal zur Verfügung Stehendes integriert wird.

CURRYS

Ein Curry ist eine der variabelsten Möglichkeiten, eine schmackhafte Outdoor-Mahlzeit zu zaubern, erfordert jedoch andere Grundzutaten als Suppen und Soßen. Die Bandbreite ist nahezu grenzenlos, zum Teil, weil Curry-Rezepte je nach Region stark variieren, was die Verfügbarkeit der Zutaten als auch althergebrachte kulturelle Traditionen und Handelsbeziehungen widerspiegelt. Im Norden Thailands beispielsweise veranschaulicht das Dschungel-Curry die Umgebung in Name und Ausführung. Diese bescheidenen Gerichte aus dem Urwald werden ohne Kokosmilch gekocht, die historisch gesehen nur in der Nähe der weit entfernten Küste zu haben war.

Viele Curry-Soßen sind universell einsetzbar: Den einen Tag kann man daraus ein veganes oder vegetarisches Gericht zubereiten, den nächsten Tag ein Fischgericht und bei anderer Gelegenheit wiederum eins mit Fleisch. In abgelegenen Dschungelgegenden sind Currys mit wildlebenden Fröschen, Schnecken und anderen in der Natur gesammelten essbaren Proteinquellen keine Seltenheit. Oft enthalten sie essbare Wurzeln, Blätter und Pilze aus dem Wald. Eine derart kulinarische Vielseitigkeit ist nicht hoch genug zu bewerten, wenn man in der Wildnis kocht.

Sicherlich bestreitet niemand, dass man die besten Ergebnisse mit frisch gemahlenen Gewürzen erzielt. Getrocknete Gewürze sind allerdings mehr als nur ein Kompromiss, denn sie wiegen kaum etwas, schmecken wunderbar und bleiben monatelang frisch. Zudem ist es ganz einfach, einen transportablen Vorrat in einem

DIE WICHTIGSTEN GEWÜRZE

Wenn ich im Regenwald unterwegs bin, habe ich meist diese Grundausstattung an Gewürzen dabei, ergänzt durch getrocknete Röstzwiebeln, getrocknete und geröstete Garnelen und ein paar mehr Leckereien, die ich auf den Märkten vor Ort kaufe.

Chat Masala	Fischsoße
Garam Masala	Nelken
Kurkuma (gemahlen)	Zimt (gemahlen)
malaysisches Currypulver für Fleisch	Koriander (gemahlen)
Chilipulver bzw. Cayennepfeffer	Kreuzkümmel bzw. Cumin (gemahlen)
Ingwer (gemahlen)	Kaffirlimettenblätter (getrocknet)
Kardamom (ganze Kapseln)	Zitronengras (getrocknet)

kleinen wasserdichten Packsack zusammenzustellen. Die oben aufgeführten Gewürze passen zu allen Currys in diesem Buch und zu vielem mehr. Man kann sie abgepackt in kleinen Druckverschlussbeuteln in einem wasserdichten Packsack aufbewahren oder in Arzneifläschchen.

So einfach wie möglich

Rezepte für Currys bestechen durch ihre unglaubliche Vielfalt und sind oft kulinarisch höchst ausgefallen, doch hier im Buch liegt der Schwerpunkt eher in den einfachen, bescheidenen Gerichten, die sich in einem einzigen Topf kochen lassen, für die man nur eine Handvoll Zutaten braucht und denen zum Großteil die einfachen Gewürze genügen, die oben aufgelistet sind und die sich leicht transportieren lassen.

BACKEN IM ALLGEMEINEN, KUCHEN IM BESONDEREN

Gute Nachrichten: Auch in der Wildnis gibt es immer einen Anlass, etwas Süßes zu backen. Schließlich wurden Geburtstage nur aus diesem Grund erfunden. Mir ist es schon mehrmals passiert, dass ich irgendwo weit draußen irgendwie einen Kuchen aus nahezu nichts zaubern musste. Am vielleicht schwierigsten war es in einem Dschungeldorf im entlegenen venezolanischen Regenwald. Alle Nahrungsmittel, die wir dabeihatten, waren mit großem Aufwand und unter strengen Gewichtsbeschränkungen eingeflogen worden, irgendwelcher Luxus war also nicht dabei. Hinzu kam die Schwierigkeit, bei brütender Hitze und tropischer Luftfeuchtigkeit backen zu wollen. Ich erinnere mich nicht, wie der Kuchen zustande kam, aber er kam zustande, und ich hielt an meinem Mantra für alle Wildnisköche fest: Wo ein Wille ist, ist auch ein Weg.

Ja, es ist möglich, im Dschungel zu backen, aber der Gipfel der Genüsse lässt sich, was das Outdoor-Backen angeht, wohl nur in der Feldküche am festen Lagerplatz oder in einer Schiffskombüse erreichen. Da beißt die Maus

MEHL DURCHLÜFTEN

Wenn man Mehl in abgelegene Gegenden transportiert, rutscht es im Sack unweigerlich zusammen und wird stark komprimiert. Daher muss man es aufschütteln. In der heimischen Küche macht man das durch Sieben, hier nehmen wir einfach einen Schneebesen oder eine Gabel und rühren wieder Luft ins Mehl. In der Expeditionsküche ist das umso wichtiger, da wir hier keinen Einfluss auf die Umgebungstemperatur haben.

BLINDBACKEN (VORBACKEN OHNE FÜLLUNG)

Wenn man sich erst einmal ins Reich des Backens gewagt hat, dauert es nicht lange, und die Methoden werden komplexer. Wer wollte bestreiten, dass eine Pastete erst durch den Deckel aus demselben Teig wie der Boden zur Pastete wird, oder dass eine Quiche am besten schmeckt, wenn der Teigboden nicht durchgeweicht ist? Um das zu erreichen, wird der Teigboden beziehungsweise die Teighülle vorgebacken, also ohne Füllung. Man kleidet einfach die Backform mit Teig aus, zieht die Ränder hoch und gibt die Füllung erst nach dem Backen hinzu.

1. Zunächst den Teig ausrollen, dann die Backform am oder über dem Feuer anwärmen.
2. Die Backform einfetten, damit sich der Teig später gut löst, und dann mit dem zuvor ausgerollten Teig auskleiden.
3. Den Teig mit verquirltem oder geschlagenem Ei bepinseln oder mit einer Mischung aus 2 TL Eipulver und 4 TL Wasser. Das versiegelt die Oberfläche des Bodens, sodass er nicht durchweicht.
4. Den Boden mit einem Holzspieß oder einer Gabel einstechen, damit der Dampf austreten kann und keine Blasen bildet.
5. Außerdem den Teigboden während des Backens möglichst mit einer Blindfüllung beschweren. Das kann ungekochter Reis sein, ich habe aber auch schon glatte erbsengroße Kieselsteine verwendet, die ich zuvor natürlich gewaschen und ausgekocht hatte. Man kann sie aufbewahren und mehrfach verwenden, ebenso wie den Reis.
6. Den Boden in einem heißen gusseisernen Schmortopf ca. 15 Minuten backen, bis er leicht goldbraun ist.
7. Die Füllung gemäß Rezept auf den Boden geben und fertigbacken.

keinen Faden ab. Ich habe die Rezepte sehr einfach gehalten, denn das Backen auf Expeditionen ist, egal wo, stets eine Herausforderung und erfordert einiges an Können. Geländefahrzeuge werden immer häufiger mit Kühlschränken und Tiefkühlboxen ausgestattet, was den Umgang mit wärmeempfindlichem Teig vereinfacht. Wer weiß, welche kulinarischen Genüsse dereinst den Tisch zukünftiger Generationen von Wildnisköchen zieren?

Backen im gusseisernen Schmorkessel

Will man Kuchen, Pasteten oder Quiches im Dutch Oven oder Feuertopf backen, bietet sich die Verwendung eines dreifüßigen Einsatzrosts an. Das heißt nicht, dass es ohne nicht geht, sondern nur, dass es mit weitaus leichter gelingt. Ich bevorzuge zum Backen einen großen Gusseisentopf, damit der Kuchen nicht allzu sehr an den Rändern anliegt. Wie immer muss man mit der Hitze aufpassen, denn das Backen erfordert meist eine Ofentemperatur von 180–200 °C, nur bei Brot liegt sie höher. Ein Vorteil des Feuertopfs von Petromax ist, dass er eine Thermometerdurchführung im Deckel aufweist, wodurch sich die Temperatur im Innern bequem messen lässt. Dazu sollte man den Topf vom Feuer nehmen. Das Gusseisen hält die Wärme, sodass der Backvorgang nicht unterbrochen wird, während man das Thermometer einführt.

KOCHEN WIE DIE PFADFINDER

„IN JENEN LAGERN AM SEE bereitet jeder sein Essen für sich zu. Die Fleischstücke (falls vorhanden) werden auf Stöcke gespießt, deren beide Enden angespitzt sind. Das untere Ende wird schräg in den Boden gesteckt, auf dass das Fleisch in Position bleibe, während es geröstet wird.“ *ACROSS ARCTIC LAPLAND, C. J. CUTCLIFFE HYNE, 1898*

Über die Berge und weit, weit weg – es gibt Zeiten, da reisen wir mit leichtem Gepäck, haben nur einen kleinen Topf oder Wasserkessel dabei, eine Tüte Salz, vielleicht ein Säckchen Kaffee, eine Tasse, ein Messer und eventuell etwas Mehl. Doch anstatt das als Nachteil anzusehen, kann so eine minimale Ausrüstung ein befreiendes Erlebnis darstellen für alle, die in der Wildnis kochen. Anstelle all des Brimboriums in der gut ausgestatteten Feldküche greifen wir auf die einfachen Hilfsmittel unserer Vorfahren zurück: Stöcke, Steine, Schlamm und Feuer.

Das mag primitiv und spartanisch erscheinen, gehört aber tatsächlich zum Aufregendsten und Bereicherndsten, was ich in punkto Kochen kenne. Dass diese Methoden in einer Welt voller Induktionskochfelder, Mikrowellen und Mehrfachbrennstoff-Hightech-Trekkingkocher noch nicht vergessen sind, zeugt von ihrer ungebrochenen Popularität. Wenn ich auf die 35 Jahre zurückblicke, in denen ich die abgelegensten Ecken dieser Welt bereiste, wird mir bewusst, dass sich diese einfachen Techniken an außergewöhnlichen Orten und in Gesellschaft einiger der interessantesten, lebensbejahenden Menschen immer bewährt haben.

Der Erfolg dieser Kochweise hängt davon ab, ob die den Zutaten innewohnenden Aromen optimal genutzt werden. Unsere Zutaten kommen hierbei dem Feuer so nahe, dass wir das Feuer selbst als Zutat begreifen sollten. Bei keiner anderen Art der Buschküche ist, was das Abschätzen der Garzeiten angeht, Intuition so unglaublich wichtig. Es braucht Übung und Erfahrung, um diese Zubereitungsart zu meistern, also verfallen Sie nicht wie viele andere auf die irrtümliche Annahme, wie ein Pfadfinder zu kochen sei einfach. Wie überall beim Kochen gibt es eine richtige Art und Weise, einen Pfad, der zu gelungener, köstlicher Speise führt, während ein anderer, leichtfertiger und unbedachter Weg zu verkohltem Essen und schwarzen Zähnen führt, wenn nicht gar zu verkorksten und verdorbenen Mägen.

Zweck dieses Ansatzes ist, das Essen gut zu kochen – mit minimalem Aufwand und ohne alles unnötig zu verkomplizieren. Daher habe ich jene gekünstelten Pfadfin-

derkochmethoden, die in manchen *Woodcraft-Camps* propagiert werden, weggelassen und mich stattdessen den althergebrachten Methoden der amerikanischen *First Nations*, der Jäger, Forschungsreisenden, Fährtenleser und Abenteurer gewidmet.

Sie werden nicht erleben, dass ich die Verwendung von Alufolie empfehle, auch wenn sie durchaus vieles vereinfacht. Ich bin der festen Überzeugung, dass sie in unberührter Wildnis nichts zu suchen hat. Nichts ist frustrierender, als Stücke davon in der Wildnis zu finden, die sie verschmutzen und verschandeln. Der Witz beim Pfadfinderkochen liegt ja gerade darin, sich natürlicher Alternativen zu bedienen – ein guter Pfadfinder oder Naturführer kommt immer ohne Alufolie aus. Stattdessen verwenden wir hier schnell wachsende Triebe und Sprossen, die man in Dickichten, besonders an feuchten Standorten findet, und die sich schnell regenerieren. So wird die Spur, der Fußabdruck, den wir hinterlassen, sogar weitaus geringer ausfallen als der Verbiss von Hirschen oder Rehen an jungen Sprösslingen.

Was die Ausrüstung angeht, ist ein kleines feststehendes Messer mit Scheide ideal und viel ungefährlicher im Gebrauch als ein Klappmesser. Ich verwende bei dieser Art des Draußenkochens am liebsten ein Leuku der Samen, auch Lapplandmesser genannt, denn es ist leicht, schnell, effizient und eignet sich hervorragend zum Spalten von Feuerholz. Dann habe ich um der guten Hygiene willen noch ein kleines Stück Kiefernteerseife dabei – schmutzig sein kann jeder Trottel. Ein kleines Stück passt in jede Hosentasche, meins wohnt in einem Tabakbeutel.

WÜRZSALZ

In abgelegenen Dörfern war Salz zum Kochen und zum Haltbarmachen von Fleisch und Fisch unabdingbar. Zwar sind die Möglichkeiten der Pfadfinderküche begrenzt, aber auf Würzsalz sollte man um des guten Geschmacks willen nicht verzichten. Es gibt auch keinen Grund, auf schwarzen Pfeffer zu verzichten, auch dieser ein einfach zu handhabender Alleskönner.

Ich bevorzuge qualitativ hochwertiges Meersalz, das sich durch Zugabe von Kräutern verfeinern lässt. Man mische die Zutaten im Verhältnis 2:1, zwei Teile Salz auf einen Teil getrocknetes Gewürz und zermahle alles zusammen in einer Kaffeemühle.

JÄGERSALZ

Getrocknete Wacholderbeeren und getrockneten wilden Thymian mit dem Salz vermengen. Schmeckt vorzüglich zu Wild und rotem Fleisch, passt aber auch gut zu Fisch.

ANGLERSALZ

Das Salz mit abgeriebener Zitronen-, Limetten- und Orangenschale mischen. Köstlich zu Fischgerichten, passt aber auch gut zu Wild. Gibt eine hervorragende Lake zum Beträufeln von Fisch.

SEEFAHRERSALZ

Getrockneten Seetang beziehungsweise Algen unter das Salz mengen. Diese sehr vielseitige Würzmischung gibt es auch fertig zu kaufen (heißt aber anders, meist Algensalz).

KOCHEN IN DER GLUT

Die einfachste und wahrscheinlich älteste Garmethode der Menschheit ist, Essbares direkt ins Feuer zu legen. Ich bin aber sicher, dass unsere Vorfahren schnell gelernt haben, dass Essen direkt ins Feuer gelegt von diesem verzehrt wird. Man braucht also ein gutes Bett aus Holzkohlenglut, möglichst aus Hartholz. Gegart wird in oder über der Glut – die Urform des Grillens. Für diese Methode eignen sich robuste Nahrungsmittel, die in der eigenen Schale garen. Zartes zerfällt eher und lässt sich nur schwierig handhaben.

Das Kochen in der Glut erfordert etwas weise Voraussicht. Die beste Glut erhält man beim Verbrennen von trockenem, dichten Holz. Zwar keineswegs unerlässlich, aber empfehlenswert für ein lang anhaltendes Glutbett ist die Anlage einer Grube für die Glut. Das geht natürlich nur in Böden aus mineralischem, nicht brennbarem Material, wozu Sand gehört.

Legen Sie niemals eine Feuergrube in Böden mit einem hohen Anteil an organischem Material wie beispielsweise Torf an – er könnte sich entzünden.

Man scharrt einfach eine Mulde in den Boden, die meist auch gar nicht tief sein muss, höchstens bei kalter Witterung oder wenn man größere Mengen garen möchte. Daraufhin brennt man ein Feuer über der Grube ab, sodass sie sich mit Glut füllt, und dann kann's losgehen – Essen kochen!

STEAK AUS DER GLUT

Ein über einem Bett aus Hartholzglut gegartes Steak ist etwas Wunderbares. Dazu muss die Glut aus großen Stücken bestehen, gewonnen aus sehr trockenem Hartholz. Bei kleinteiliger Glut voller Asche neigt letztere dazu, am Fleisch kleben zu bleiben.

1. Für ein Glutbett sorgen, das etwa dreimal so groß ist wie das Steak. Am besten in einer Glutgrube.
2. Das Steak von beiden Seiten salzen und auf die Glut legen. Von beiden Seiten anbraten, damit die Oberflächenproteine karamellisieren.
3. Nach ein paar Minuten an eine neue Stelle über der Glut legen.
4. So weitermachen, bis das Steak die gewünschte Garstufe erreicht hat (siehe S. 214). Sollte die Glut nicht mehr heiß genug sein, bringt man sie erneut zum Glühen, indem man ihr mit dem Hut Luft zufächert.

EIN STOCK ZUM BRATEN

Bratstöcke, Röstgabeln, Grillspieße und dergleichen eignen sich hervorragend, um etwas über einem Glutbett zu garen. Mitunter werden sie recht kunstvoll gearbeitet, vor allem in *Woodcraft-Camps*, wo es neben der Nahrungsbereitung vor allem um die Fertigung an sich geht. Man baut einen Bratstock oder einen improvisierten Grillrost aus biegsamen jungen Trieben und hält ihn über die Glut. Er ist nicht dafür gedacht, übers Feuer oder gar in die Flammen gehalten zu werden.

EI AUS DER GLUT

Das Ei ist ein Wunderwerk der Natur, nahrhaft und köstlich. Und immer fertig portioniert verpackt, also ideal für die Pfadfinderküche.

1. Am einfachsten das Ei einfach am Rande des Feuers in die Glut legen. Vorher unbedingt anstechen, sonst platzt es und alle, die in der Nähe sitzen, werden mit flüssigem Ei bespritzt. Dazu mit der Messerspitze am stumpfen Ei-Ende ein ca. 1 cm großes Loch in die Schale bohren.
2. Mit einem Stöckchen aus frischem Holz prüfen, ob auch die Ei-Membran, das Häutchen im Innern, durchbohrt wurde. Für Rührei mit dem Stöckchen das Ei-Innere gleich in der Schale verrühren. Zur Verfeinerung bietet sich an, etwas feingehackten frischen Thymian oder Rosmarin mit hineinzurühren.
3. Nun das so vorbereitete Ei am Rande des Feuers mit der Öffnung nach oben in die Glut setzen und bis zur gewünschten Konsistenz garen lassen. Diese mit einem frischen, sauberen Holzspan überprüfen.

OBACHT: Wenn man Eier zu lange in der Glut lässt, verbrennen sie. Auch ist ein frisch aus der Glut geholtes Ei extrem heiß und muss etwas abkühlen, ehe man sich weiter damit befassen kann.

FLADENBROT

Das australische Buschbrot *Damper* wird traditionell in glühender Asche gebacken. Ursprünglich hat man das Mehl aus wilden Grassamen gewonnen. Mir wurde das Privileg zuteil, mitmachen zu dürfen, wie australische Ureinwohner die wilden Grassamen sammelten, die Körner durch vielfaches Hin- und Herbewegen, Hochwerfen und Auffangen von der Spreu trennten und sie dann mahlten, um daraus ein schweres, unglaublich sättigendes, nahrhaftes Fladenbrot zu backen – in der Asche eines Feucrs, das mit dem Holz der Mulga-Akazie genährt worden war. Jedes Mal, wenn ich draußen Brot backe, erinnere ich mich sehr gern daran, denn diese Art des Brotbackens ist in vielerlei Hinsicht das Original, die Urform schlechthin. Heute wird *Damper* auf sehr ähnliche Weise, aber aus fertig gekauftem Weißmehl gebacken, was weitaus weniger nahrhaft ist als die wilde Urform.

ZUTATEN

ergibt 1 Fladen

250 g Mehl
2 TL Backpulver
½ TL Salz
ca. 175 ml warmes Wasser

ZUBEREITUNG

1. Auf flachem, glattem Untergrund ein Feuer anlegen und mit Hartholz füttern, damit sich geeignete Glut bilden kann. Wenn genügend Glut vorhanden ist, diese zur Seite schieben. Übrig bleibt eine dünne Ascheschicht.
2. Derweil die trockenen Zutaten gut vermengen, dann nach und nach warmes Wasser hinzugeben und zu einem glatten, ziemlich trockenen Teig kneten. Es kann durchaus sein, dass weniger als die oben angegebene Wassermenge genügt – oder aber auch ein paar Tropfen mehr nötig sind.
3. Der Teig braucht nur leicht geknetet zu werden, da das Backpulver dafür sorgt, dass sich Gas bildet und er aufgeht. Den Teig zu einer Kugel formen und diese zu einem Fladen plattdrücken, in etwa daumendick.
4. Das brennende Feuerholz zur Seite schieben, die Glut und etwas von der Asche ebenfalls, allerdings an eine separate Stelle.
5. Den Fladen direkt auf die verbliebene heiße Asche legen und mit der zur Seite geschobenen Asche bedecken. Die weggeschobene Glut darüberdecken.
6. Das Fladenbrot braucht in etwa 30–40 Minuten. Je nach Größe des Fladens, Feuchtigkeit des Teigs und Hitze des Feuers kann die Garzeit variieren. Wenn das Brot gut ist, reagiert es mit einem tiefen Ton, wenn man dagegenklopft. Auch mit einem Holzspieß lässt sich feststellen, ob der Teig gar ist (Stäbchenprobe): Hineinstechen und wieder herausziehen. Klebt kein Teig am Holz, ist er durchgebacken.
7. Das Fladenbrot aus der Asche nehmen, anhaftende Asche abbürsten und warm servieren.

MOOS, SEETANG UND BLÄTTER

DÜNSTEN IN MOOS

Die faszinierenden Torfmoose *(Sphagnum)* haben viele wunderbare Eigenschaften, die sich der versierte Bushcrafter zunutze machen kann. In Deutschland sind sie zwar stark gefährdet und stehen unter Schutz, in der Wildnis in Ländern weiter nördlich sind sie hingegen oft in großer Menge zu finden. Man kann Torfmoos verwenden, um sich schnell einen Fisch oder etwas anderes zu dünsten. Dazu legt man eine Moosschicht einfach direkt auf ein kräftiges Lagerfeuer, platziert das zu garende Essen darauf und deckt es mit einer weiteren Lage Moos ab. Eine Form des Dampfgarens, wenn man so will. Bei Fisch mag es nötig sein, ihn zwischendurch zu wenden. Auf diese Weise lassen sich Eier garen (die man hier, anders als beim Garen in Glut, nicht unbedingt anstechen muss). Sie platzen zwar, aber das Moos verhindert, dass sie in alle Richtungen spritzen. Wer mag, sticht sie dennoch an, so bleibt die Schale intakt.

KELPTASCHEN

In Neuseeland gibt es Braunalgen- beziehungsweise Seetangarten der Gattung *Durvillaea*, deren als Auftriebskörper dienende Luftkammern sich so aufschneiden lassen, dass eine Tasche entsteht, in der sich Essen prima garen, aufbewahren und transportieren lässt – was die dort lebenden Maori auch häufig tun. Man schneidet die mit einer wabenähnlichen Struktur gefüllte Tangblase 40–60 cm unterhalb des breiten Endes auf und schiebt vorsichtig die Hand hinein, wie in einen Strumpf. In die so entstandene Tasche füllt man das zu garende Essen und bindet sie mit einem Stück Tang zu. Die gefüllte Tasche kommt in die Glut, das Essen wird gedünstet.

GEDÜNSTETER SEEBARSCH MIT WILDEM FENCHEL UND SEETANG

Seetang kann genauso wie Moos als improvisierter Dampfgarer verwendet werden und verleiht dem Essen zudem ein wenig vom Aroma des großen weiten Meers. Klassischerweise dient diese Methode dem Dünsten von Krusten- und Schalentieren und Fisch. Seebarsch schmeckt auf diese Weise zubereitet besonders lecker.

1. Zunächst ein gutes, stabil brennendes Feuer anlegen. Verwendet man Treibholz, darf es nicht mit Öl verschmutzt sein, da dies das Essen verderben, das Mahl ruinieren würde.

2. Eine Schicht Seetang aufs Feuer legen, darauf ein Bett aus wildem Fenchel, darüber kommt der Fisch, dann wieder Fenchel und zu guter Letzt noch einmal eine Lage Seetang.

3. Den Fisch einmal während des Garens wenden. Er ist durch, wenn das Fleisch hell und nicht mehr durchscheinend ist und sich leicht Stücke davon lösen, sobald man mit der Spitze des Messers hineinsticht.

ZWEIGE MIT BLÄTTERN

Genauso wie sich Moos zum Dünsten von Eiern eignet, können auch frische, grüne Blätter von Erle, Birke, Weide, Bergahorn, Eiche, Hasel oder Eberesche zum Dünsten verwendet werden, besonders bei Fisch. Man legt eine dicke Schicht dicht beblätterter Zweige aufs Feuer und den Fisch obenauf, dann wieder eine Schicht Zweige mit vielen Blättern. Sind diese trocken, werden sie vorab eingeweicht. Hat man den Eindruck, sie verbrennen, besprenkelt man sie einfach mit etwas Wasser.

IN BLÄTTER EINGEWICKELT

Etwas schmort in Blättern – da kommen einem zunächst Bilder von in Bananenblätter oder Palmwedel gehüllten Wildschweinstücken in den Sinn, säuberlich zu Bündeln verschnürt und in einen tropischen Erdofen gelegt. Wobei, der Erdofen ist gar nicht so abwegig (siehe S. 204–212). Aber auch in kleinerem Rahmen, auf einer Wander- oder Trekkingtour, lassen sich Blätter verwenden, sofort, unmittelbar und ohne Erdofen. Ja, Blätter sind so etwas wie die Alufolie des Waldes – außer, dass sie unbegrenzt nachwachsen, ökologisch völlig unbedenklich sind und auf natürliche Weise in den Boden zurückkehren.

Allerlei große Blätter können zum Einwickeln des Grillguts dienen, wichtig ist, dass sie nicht giftig sind. Hier stehen ein paar Hausaufgaben an, was den Teil der Welt angeht, den Sie noch nicht kennen, aber erkunden wollen. Sind keine großen Blätter zu finden, lässt sich das Essen in kleinere Portionen zerteilen, sodass es in mittelgroße Blätter passt. Das Garen im Blattwickel in der Glut kommt hauptsächlich bei zarterem Fisch oder Fleisch zur Anwendung.

HÜHNCHEN MIT ZITRONE IN AMPFERBLÄTTERN

Dieses Rezept ist zwar aufwendiger als beim Pfadfinderkochen üblich, aber ein guter Einstieg ins Kochen auf Trekkingtouren.

1. Zunächst müssen Sie ein paar große Ampferblätter finden, möglichst sauber und gesund. Wenn nötig, diese waschen, vor allem, wenn sie in der Nähe von Vieh oder Siedlungen gesammelt wurden. Etwas Faden wird auch benötigt: Küchengarn oder Wurstbindfaden, oder Sie machen's wie ich und lösen ein paar fadenartige Fasern aus dem Stängel einer Brennnessel oder ein paar Rindenfasern von einem Weidentrieb.
2. Über einer kleinen Glutgrube ein nicht zu großes Feuer anlegen. Während sich Glut bildet, eine Hühnerbrust entsprechend der Größe der gesammelten Blätter in Stücke schneiden.
3. Das Hühnerfleisch auf zwei Ampferblätter legen, ein paar Zitronenscheiben hinzugeben sowie einen Spritzer Zitronensaft, einen Klecks Butter, etwas geriebenen Pfeffer und eine Prise Salz.
4. Die Blätter um Fleisch und Zitronenscheiben schlagen und noch weitere drumwickeln, bis alle Ränder verschlossen sind. Das Bündel mit Faden beziehungsweise Fasern umwickeln.
5. Wenn sich Glut gebildet hat, das Blattbündel tief hineinlegen und das Hühnerfleisch 30 Minuten garen lassen.
6. Nun das Päckchen vorsichtig – der Faden ist womöglich durchgebrannt – aus der Glut ziehen, öffnen und nachschauen, ob das Fleisch gar ist. Der austretende Bratensaft soll klar und das Fleisch hell sein. Wenn nicht, das Päckchen wieder verschließen, so gut es geht, und noch ein paar Minuten in die Glut legen.

VARIATION

Die Zitrone lässt sich gut durch Knoblauch ersetzen.

KANINCHEN AN WILDER WASSERMINZE IM KLETTENBLATT

Dies ist, im Gegensatz zum Hühnchen, schon eher ein richtiges Pfadfinderrezept, denn es bietet sich in Zeiten an, in denen wir kaum mehr dabeihaben als etwas Salz.

1. Die Kaninchenportionen von den Knochen lösen und in Blätter von wild wachsenden Kletten wickeln. Die größeren Blätter der Großen Klette eignen sich besonders.
2. Ein paar Zweige frisch gesammelter wild wachsender Wasserminze mit hineinwickeln und ein paar Krümel Salz. Im Frühjahr gebe ich auch noch ein paar der kresseartig scharfen Blätter des Wiesenschaumkrauts hinzu und alles, was sich an sonstigen Frühlingswildkräutern wie Gras-Sternmiere, Kletten-Labkraut oder Vogelmiere finden lässt.
3. Wie im Hühnchen-Rezept beschrieben einwickeln und zusammenbinden (siehe S. 58) und auf dieselbe Weise garen.

VARIATIONEN

- Die Wasserminze lässt sich durch wilde Knoblauchsrauke und Bärlauch ersetzen, aber Vorsicht bei der Dosierung: Die Knoblaucharomen überdecken leicht den Geschmack des Fleisches.
- Aal ist ebenso eine hervorragende Wildnisspeise. Die Garmethode ist dieselbe wie beim Kaninchen.

KLEBREIS IM BAMBUSROHR

Wenn ich in einem Regenwald unterwegs bin, in dem jede Menge Bambus wächst, ist dies meine bevorzugte Methode der Klebreiszubereitung. Ein zweites Rohr mit Flusskrebsen und ein paar Scheiben wilden Ingwers – schon ist das Mahl komplett.

1. Etwas Klebreis mindestens 4 Stunden in Wasser einweichen.
2. Derweil ein Stück frischen, grünen Bambus abschneiden, im Durchmesser ca. 5–10 cm, und das Rohr so zuschneiden, dass ein Knoten sozusagen den Boden des Gargefäßes bildet. Das obere Ende kann man unter oder über dem nächsten Knoten abschneiden, in letzterem Falle muss man den Knoten noch durchbohren, um eine Öffnung zu schaffen.
3. Den Klebreis abtropfen lassen und durch die Öffnung ins Rohr füllen. Das offene Ende mit einem aus einem Bananenblatt geformten Pfropfen verschließen.
4. Das Rohr schräg übers Feuer legen und während der ca. 30-minütigen Garzeit mindestens einmal umdrehen.
5. Das Rohr aus dem Feuer nehmen und mit einem Parang (ein malaiisches Buschmesser, eine Art Machete) spalten, sodass zwei Teile entstehen, aus denen man den Reis direkt herauslöffeln und essen kann.

Um zu verhindern, dass durch den Dampfdruck im Rohr der Stopfen aus der Öffnung fliegt und der Reis aus dem Rohr quillt, schneidet man gleich unterhalb der Oberkante zwei gegenüberliegende Schlitze ins Rohr und führt einen flachen Streifen Bambusfaser so hindurch, dass er mittig über die Rohröffnung verläuft und den Stopfen fixiert.

BRATSPIESSE

Essen auf einen Spieß zu stecken und ins Feuer zu halten ist naheliegend, erfordert aber, will man es richtig machen, ein wenig mehr Geschick und Geduld, als man auf den ersten Blick meint. Unzählige junge Camper mussten schmerzlich erfahren, dass, wenn man es nicht richtig anstellt, das Ergebnis zwar knusprig, aber außen schwarz und verbrannt und innen noch ganz roh ist. Ebenso viele Leute mussten entgeistert mit ansehen, wie ihre perfekt gegrillte Wurst vom Bratspieß ins lodernde Feuer flutschte. Wie meist in Sachen Bushcraft gibt es eine beziehungsweise die richtige Methode, und das Geheimnis liegt wie immer im Detail.

Als erstes ist eine Holzart zu wählen, die ungiftig ist und möglichst keinen Geschmack ans Fleisch abgibt. Hasel, Birke und Weide sind hier eine gute Wahl. Die Triebe sollten nach Möglichkeit schön gerade gewachsen sein und das Holz frisch und grün. Ist man gezwungen, Totholz zu verwenden, muss es mindestens eine Stunde eingeweicht werden.

Die Rinde wird an der Stelle, die mit dem Essen in Berührung kommt, abgeschält und der Stock vorne angespitzt. In der einfachsten Version ist das schon die ganze Vorbereitung. Ein runder Bratspieß hat jedoch einen Nachteil: Das Essen neigt dazu, sich auf dem Stock zu drehen, was es schwierig macht, es von allen Seiten gleichmäßig zu garen. Schlimmer noch: Während man damit zu kämpfen hat, dass sich das Essen auf den Stock dreht, lockert es sich und es wird immer wahrscheinlicher, dass es ins Feuer fällt. Daher empfiehlt es sich, dem Bratspieß einen eher kantigen Querschnitt zu verpassen – grob dreieckig für die einen und eher rautenförmig für andere Speisen.

Bei der Zubereitung mit Bratspießen nutzt man immer die Hitze an den seitlichen Flanken des Feuers, nie in den Flammen, deshalb positioniert man die Spieße immer schräg, vorzugsweise in den Boden gesteckt (dazu ist das hintere Ende ebenfalls anzuspitzen) oder zwischen Steine oder Baumstämme geklemmt. Ist es windig, sind sie so zu platzieren, dass die Hitze zu ihnen hinweht. Drehen Sie die Spieße immer mal, aber Obacht, nicht die Finger verbrennen, wenn heiße Flüssigkeit oder Fett aus dem Bratgut austritt und am Spieß hinunterläuft.

Bratspieße können mehrfach wiederverwendet werden, solange man sie zwischendurch in den Flammen sterilisiert.

Wenn man Kinder an diese Methode heranführt, sollte man darauf achten, dass die Enden der Spieße kein Feuer fangen und niemand damit herumfuchtelt wie mit einer Wunderkerze. Ein Auge ist bei derlei unsinnigem Herumgealbere allzu schnell in Mitleidenschaft gezogen. Auch darf man Bratspieße nie senkrecht in den Boden oder Schnee gesteckt herumstehen lassen – es könnte sich jemand im Dunkeln darüberbeugen und ihn sich versehentlich ins Gesicht rammen. Bratspieß im Auge – eine unschöne Vorstellung …

EI AM STOCK

Eine tolle Alternative zum Garen in der Glut, für den Fall, dass Schnee liegt und ein verlässliches Glutbett schwierig zu bewerkstelligen ist.

1. Für diese Garmethode sollte der Spieß einen runden Querschnitt haben und sehr sanft spitz zulaufen. So sitzt das Ei besser am Spieß und lässt sich gut drehen.
2. Mit der Spitze des Messers an beiden Enden ein Loch in die Schale pickern, am stumpfen Ende etwas größer und dem Durchmesser des hinteren, dickeren Teils der Spießspitze entsprechend. Das Loch am anderen, spitzen Ende des Eis braucht nur etwa 5 mm breit zu sein.
3. Das Ei vorsichtig auf den Stock spießen und über dem Feuer platzieren. Sobald sich das an den Löchern ausgetretene Eiweiß erhitzt, stockt es und verschließt das Ganze.
4. Behutsam garen bis zur gewünschten Konsistenz. Die Garzeit wird davon beeinflusst, wie der Spieß platziert ist, welches Wetter herrscht und wie heiß das Feuer brennt. Man muss also nach bestem Ermessen selbst entscheiden.

APFEL AM SPIESS

An kalten Tagen ist ein Bratapfel, wenn auch sehr einfach zubereitet, etwas besonders Köstliches. Hierfür eignet sich am besten ein Spieß mit dreieckigem Querschnitt. Der Apfel wird quer in der Mitte geteilt und von der Schnittseite her aufgespießt, sodass die Schale beim Garen zum Feuer zeigt. Wenn der Apfel gar ist, lässt sich die Schale ganz leicht lösen.

REH- ODER HIRSCHSTEAK ROBIN HOOD

Eine besondere Delikatesse für alle Jäger. Natürlich kann jedes gut geschnittene Fleisch wie ein Steak gebraten werden, aber an ein großes Rückensteak reicht nichts heran.

1. Einen schwertförmigen Bratspieß mit einem flach rautenförmigen Querschnitt zurechtschnitzen und das Steak aufspießen.
2. Das Steak vorsichtig am Feuer bis zur gewünschten Garstufe grillen.
3. Mit ein paar Körnchen Salz und wenn vorhanden mit Pfeffer abschmecken.

FISCH AM SPIESS

Die einfachste und schnellste Art, einen selbst geangelten Fisch zu braten, ist der Fischspieß. In der einfachsten Variante wird der Fisch ausgenommen, vom Maul her bis zum Schwanz aufgespießt und am Feuer platziert. Wem das Anglerglück besonders hold war, kann diese Methode so anpassen, dass viele Fische gleichzeitig am Feuer grillen.

1. Für jeden Fisch, der gegrillt werden soll, einen kleinen, flachen Bratspieß mit rautenförmigem Querschnitt und an beiden Enden angespitzt zurechtschnitzen. Ein Feuer anlegen, das ausreichend lang ist, dass alle Fische, die gebraten werden sollen, nebeneinander daran Platz finden.
2. Den Fisch entschuppen, die Kiemen heraustrennen, den Fisch am Bauch aufschneiden und die Innereien herausnehmen.
3. Den Fisch wenn nötig weiter aufschneiden und vom Schwanz her bis zum Maul aufspießen, wobei der Spieß, damit alles gut hält, nahe der Wirbelsäule liegen sollte. Die Haut mit vielen kleinen Schnitten einschneiden.
4. Die Spieße schräg zum Feuer in den Boden stecken. Den Fisch zunächst am dickeren Rücken garen und erst dann die zartere Bauchseite zum Feuer drehen.
5. Den Fisch während des Garens immer wieder mit einer Lake begießen, die aus 1 EL Salz besteht, der in 1 Tasse (250 ml) Wasser aufgelöst wird (größere Mengen im gleichen Verhältnis mischen). Wenn vorhanden, zusätzlich noch 1 TL Zucker darin auflösen. Anglersalz (siehe S. 50) eignet sich für dieses Rezept besonders gut.

KREBSE AM SPIESS

Krustentiere wie Flusskrebse oder Salzwasser-Zehnfußkrebse wie Langusten, Hummer oder Kaisergranate eignen sich gut, um aufgespießt und am Feuer gegrillt zu werden – und sind ein echter Leckerbissen.

1. Den Krebs töten, indem man das Rückenmark am Kopf durchtrennt. Den Verdauungskanal entfernen, indem man vorsichtig an der mittleren Schwanzflosse wackelt, bis sie sich löst und langsam zieht. Der Verdauungstrakt, der wie ein schwarzer Faden aussieht, sollte sich so herausziehen lassen.
2. Entlang dieses Kanals den Krebs nun auf einen Spieß in passender Größe stecken, möglichst dreieckig im Querschnitt und an beiden Enden angespitzt.
3. Den Spieß an der heißen Flanke schräg zum Feuer hin in den Boden stecken. Beim Garen nehmen Krebse eine orangerote Farbe an.

MEHR, MEHR! … MARSHMALLOW S'MORE

Das Rezept für diese süße Leckerei mit gerösteten Marshmallows wurde zum ersten Mal in der 1927 erschienenen Publikation *Tramping and Trailing with the Girl Scouts* erwähnt und ist seitdem zum Kindheitsklassiker an kanadischen und amerikanischen Lagerfeuern avanciert. Und wird seltsamerweise auch von einigen der weltbesten, abgehärtetsten und knorrigsten Kanuten geliebt. Ich nenne hier keine Namen …

1. Mit Hilfe eines gerne rudimentären Bratspießes – selbst ein abgebrochener biegsamer Zweig genügt – ein großes Marshmallow überm Feuer grillen. Falls es Feuer fängt, einfach vorsichtig wieder auspusten.
2. Wenn es schön weich ist, auf einen mit einem Stück Schokolade belegten oder mit Schokoladencreme bestrichenen Keks legen, darüber wie bei einem Sandwich einen weiteren Keks klappen und ab in den Mund damit. **Kinder sind unbedingt zu warnen, dass geschmolzene Marshmallow-Masse sehr heiß ist und man sich leicht Mund und Finger daran verbrennt.**

LAGERFEUERBROT

Diese Methode des Brotbackens ist weit verbreitet und besonders beliebt bei den *First Nations* in Kanada, wo es zum traditionellen alljährlichen Gänsefestschmaus *Sikipwân* gehört. Während man für ein Fladenbrot normalerweise einen trockenen, warmen Untergrund benötigt, lässt sich das Stockbrot auch bei feuchtem oder schneebedecktem Boden backen.

ZUTATEN

ergibt 2 Stockbrote

250 g Mehl
2 TL Backpulver
1 TL Salz
ca. 175 ml Wasser, vorzugsweise warm

ZUBEREITUNG

1. Man suche sich einen Stock aus frischem, grünem, ungiftigem Holz wie beispielsweise Birke, möglichst um die 5 cm dick, notfalls geht aber auch ein Stock in Daumenstärke. Ein Ende anspitzen, damit er in den Boden oder Schnee gesteckt werden kann. Am oberen Ende die Rinde auf einer Länge von 30–40 cm abschälen.
2. Die trockenen Zutaten gut vermischen und dann nach und nach warmes Wasser hinzugeben und zu einem glatten, ziemlich trockenen Teig kneten. Es kann durchaus sein, dass weniger als die oben angegebene Wassermenge nötig ist – oder aber auch ein paar Tropfen mehr. Man kann auch kaltes Wasser hinzugeben, aber mit warmem gelingt der Teig besser.
3. Der Teig braucht nur leicht geknetet zu werden, gerade so viel, dass alles zusammenhält. Den Teig zu einer Kugel formen und diese zu einem Fladen plattdrücken, in etwa daumendick.
4. Den Stock überm Feuer vorheizen bis kurz vor den Moment, da er Feuer fängt. Wird ein dicker Stock verwendet, einfach den Teigfladen herumschlagen. Bei einem dünnen Stock den Teig zwischen den Handflächen zu einer langen, dünnen Wurst ausrollen und spiralför-

mig um den Stock wickeln, mit einem Abstand zwischen den einzelnen Windungen etwa so breit wie ein kleiner Finger.

5. Den Stock an der heißen Flanke schräg zum Feuer hin in den Boden stecken und ab und zu drehen, damit der Teig gleichmäßig backt.

6. Dazu Butter und Konfitüre reichen oder mit dem Bratenfett des möglicherweise ebenfalls überm Feuer brutzelnden Fleischs oder Fischs servieren.

AM HAKEN ÜBERS FEUER GEHÄNGT

Das Essen zum Garen ans Feuer oder an einen Holzofen zu hängen, besonders im Zelt, ist die klassische Variante in den Wäldern des Nordens und im gesamten borealen Nadelwaldgürtel verbreitet. Die Aufhängung erfolgt per Schnur und Spieß an einem speziell dafür zurechtgeschnitzten vertikalen Stützstab oder per Haken von oben. Auf diese Weise kann vieles gleichzeitig über einem Feuer gegart werden. Typisches Beispiel für diese Aufhängung war übrigens der Kopf eines Karibus, denn bei den nördlichen Stämmen Kanadas galt dessen Nase als Delikatesse.

KARIBU-RIPPCHEN

Im borealen Waldgürtel zählten Kariburippchen zum klassischen Jägerschmaus. Man hängte sie an einem vertikalen Stab ans Feuer, dessen eines Ende angespitzt und dessen anderes mit einer Kerbe versehen war, damit die Rippchen nicht daran herunterrutschen.

Will man sich selbst einmal daran versuchen, werden zuerst die Rippen von der Innenseite her gegart, da die heißen Rippenknochen mithelfen, das Fleisch gleichmäßig durchzubraten. Dann wendet man sie und gart von der Außenseite her. Gewürzt wird mit Salz nach Belieben.

HIRSCHKEULE, REHSCHULTER & CO.

Ein Schulterstück vom Rotwild lässt sich an einem hölzernen Haken garen, der im Innern eines Zeltes über einem Holzofen von den Zeltstangen baumelt. Gibt man ihm ab und zu einen leichten Schubs, sodass er sich dreht, wird das Fleisch langsam und gleichmäßig gar. In der Arktis wird im Winterlager oft eine Hirschschulter auf diese Weise am Morgen im Zelt aufgehängt und gart dann langsam vor sich hin, während man loszieht, um die Fischnetze zu inspizieren. Wenn alle nach getaner Arbeit wieder ins Lager zurückkehren, ist das Fleisch fertig.

BANNOCK

In den Zelten des nordkanadischen Winterlagers gibt es einen fortwährenden Bedarf an Bannockbrot. Wie bei einer Produktionskette sind mehrere Fertigungsstufen gleichzeitig zu beobachten: Zunächst wird der Fladen auf der Platte des Holzofens vorgebacken, bis er genügend aufgegangen ist. Dann macht er Platz auf der Ofenplatte für den nächsten Brotfladen und backt, auf einen Stock gesteckt, neben dem Holzofen weiter.

GANS ODER ENTE

Die Jagd auf Wildgänse ist eine wichtige Tradition im Norden. Verlief sie erfolgreich, wurde das mit dem Festessen *Sikipwân* gefeiert. Dafür werden die Gänse gerupft und ausgeweidet, die Bauchhöhle wird wieder verschlossen, sprich die Ränder mit einem Zweig zusammengeheftet, die Flügelknochen werden seitlich an den Rumpf gebunden und die Keulen mit Spießen fixiert. Dann hängt man den Rumpf im Zelt oder im Freien ans Feuer, ein Windschutz sorgt dafür, dass die zum Garen benötigte Wärme nicht entweicht. Unter die Gans wird eine Pfanne gestellt, um das austretende Fett aufzufangen – einmal, um nichts zu verschwenden, aber auch aus Respekt gegenüber dem Vogel. Für die Stammesältesten der nördlichen *First Nations* steht der Respekt gegenüber dem erbeuteten Tier an oberster Stelle.

Die Gänse werden gedreht, damit sie wie beim Grillspieß von allen Seiten gleichmäßig brutzeln, und mit dem aufgefangenen Fett begossen. Gegen Ende der Garzeit werden zusätzlich Stöcke mit Stockbrot (siehe S. 68–69) ans Feuer gestellt, das dann zusammen mit dem Fleisch verzehrt wird. Manchmal wird die Feuerstelle mit einem hölzernen Rahmen präpariert, an dem nicht nur Gefäße einfach befestigt, sondern auch Fleischstücke zum langsamen Garen aufgehängt werden können.

IN DER KLEMME

Diese Garmethode öffnet uns neue Möglichkeiten, vor allem größere und schwerere Brocken zuzubereiten. Denn in einen gespaltenen Stock eingeklemmt und gegebenenfalls ausgebreitet und aufgespannt, lassen sie sich viel stabiler überm Feuer platzieren, als wenn man sie einfach nur aufspießt.

FORELLE

Eine am Feuer gebratene Forelle ist etwas Köstliches. Sie lässt sich einfach zubereiten. Man muss nur die Gräten auslösen, ähnlich wie auf der gegenüberliegenden Seite beim Lachs beschrieben, nur dass man bei der Forelle die Mittelgräte durchtrennt und somit den Schwanz nicht entfernt. Der Fisch wird dann aufgeklappt und mit nur einem Querspieß fixiert, der wie abgebildet durch einen Spalt im Stock geschoben wird. Der Stock muss natürlich der Größe des Fisches entsprechen und bereits im Vorfeld gespalten werden. Ich erweitere den Spalt auf der einen Seite etwas und schnitze das Ende des Querspießes meißel- beziehungsweise keilförmig zu. Beides bewirkt, dass sich der Querspieß leichter in den Klemmstock einführen lässt.

LACHS IN DER KLEMME

Wenn man's richtig macht, mundet ein auf diese Weise zubereiteter großer Fisch wie Lachs, Saibling oder eine große Forelle einfach nur himmlisch. Selbst die renommiertesten Restaurants können da nicht mithalten, wie ich finde.

1. Zuerst einen von der Größe her zum Fisch passenden Klemmstock suchen. Ein Weidentrieb wäre ideal. Die Rinde in Streifen abschälen, die später noch zum Zubinden des Klemmstockes verwendet werden. Auch eine entsprechende Anzahl Querspieße zurechtschnitzen.
2. Den Fisch von der Afteröffnung her am Bauch aufschneiden und die Eingeweide entfernen. Nun filetieren, was bei

Salmoniden problemlos gelingt. Rücken- und Bauchflossen entfernen und dann hinter den Kiemen bis zur Rückengräte schneiden, aber nicht hindurch.

3. Die Spitze des Messers auf beiden Seiten der Mittelgräte entlang nach unten führen, sodass sie am Bauch jeweils hinter der Brustflosse wieder herauskommt. Nun entlang dieses Schnitts langsam mit dem Daumen beidseits der Hauptgräte entlangfahren und dabei vorsichtig die Rippen aus dem Fleisch lösen. So arbeitet man sich bis zum Schwanz vor, sodass sich letztlich die Mittelgräte mitsamt daranhängenden Rippen, Kopf und Schwanz herauslösen lässt. Sollte etwas Fleisch an den Rippen hängen bleiben, ist das nicht schlimm, da sich daraus noch Lachssuppe kochen lässt.

4. Je nach Größe des Fischs benötigt man zwei bis drei Querspieße, zwei bei mittleren, drei bei großen Fischen. Fischhaut ist sehr fest, deshalb mit der Messerspitze Löcher hineinschneiden für die Querspieße. Diese von der Fleischseite her so hindurchstoßen, dass sie zum größten Teil auf der Hautseite aufliegen.

5. Sind die Querspieße in Position, das gesamte aufgespannte Filet von oben in den Klemmstock schieben. Dessen oberes offenes Ende mit den Weidenrindenstreifen zubinden. Wenn nötig, kann man zur besseren Fixierung auch das untere Ende des Spalts umwickeln und zuschnüren.

6. Den Klemmstock nun schräg mit der Fleischseite ans Feuer stecken. Am besten vorab ein Loch in den Boden bohren, beispielsweise mit einem spitzen Pflock, den man mit der Rückseite einer Axt in den Boden rammt.

7. Idealerweise das Feuer mit Erlenholz füttern und den Lachs grillen, bis er goldbraun und knusprig ist, dann umdrehen und auch die Hautseite fertig garen. Auf keinen Fall nochmals wenden, sonst löst sich das Fleisch von der Haut und fällt ab.

HEISSE STEINE

Erhitzte Steine können auf verschiedene Weise zum Kochen verwendet werden. Eine der seltsamsten habe ich in der Mongolei beobachtet, wo eine Ziege geschlachtet, ausgenommen und ausgebeint wurde – nur durch die Öffnung am Hals – um sie anschließend mit glühend heißen Steinen zu füllen und wieder zu verschließen. Die Ziege wurde dann gleichzeitig von innen und außen gegart. Innen die Steine, außen die Glut des Kochfeuers.

Ich habe auch schon Vögel im Federkleid gegart, nur aufgeschnitten, ausgenommen und die Bauchhöhle mit zwei glühend heißen Steinen in passender Größe gefüllt. Das Ganze habe ich dann gut eingewickelt und mehrere Stunden im Rucksack getragen, bis der Vogel gar war.

Praktischer ist es jedoch, die heißen Steine wie eine Kochplatte zu verwenden, die man von unten her direkt erhitzt. Oder man legt mehrere passende flache Steine zu einer gleichmäßigen Fläche nebeneinander auf den Boden, legt darauf das Feuer an und lässt es so lange brennen, bis sie genügend Hitze gespeichert haben, dass man darauf kochen kann. Beide Methoden funktionieren gut. Letztere eignet sich, wenn man für eine größere Gruppe kocht. Die Kochplattenvariante geht schnell und eignet sich, so lange der flache, als Kochplatte genutzte Stein dick genug ist, um die Hitze auszuhalten, aber wiederum nicht so dick, dass es zu lange dauert, ihn zu erhitzen.

Wann immer Steine erhitzt werden, ist darauf zu achten, dass die Gesteinsart sich dafür eignet. Feuersteine, die Lufteinschlüsse enthalten können, neigen dazu, auseinanderzubrechen, ebenso an feuchten Stellen oder aus dem Bachbett aufgesammelte Steine. Da sich Wasser schneller ausdehnt, als es aus dem Stein entweichen kann, baut sich zu viel Druck auf. Daher sollten Steine, die man zum Kochen verwendet, sedimentärer Natur und trocken sein. Auch sollten sie langsam und allmählich erhitzt werden. Die Gefahr eines zerplatzenden Steins ist nicht zu unterschätzen. Ich selbst wurde Zeuge, wie ein knapp 2 Meter langer, 40 Zentimeter dicker Eichenstamm bei solch einer Explosion knapp 2 Meter weit geschleudert wurde. Aus demselben Grund sollte man weder Beton noch Ziegelsteine verwenden.

Wer auf heißen Steinen kocht, ist gut beraten, mit einem improvisierten Besen trockenen Schmutz und Sand herunterzukehren und etwas Fett oder Öl zum Braten zu verwenden. Besonders lecker sind Pilze und Hühnerbrust (beispielsweise vom wilden Schneehuhn) zusammen auf einer Steinplatte zubereitet.

Experimentierfreudigere Naturen sollten sich einmal daran versuchen, die Zutaten für ein Chicken Fajita auf dem heißen Stein zu braten: Hühnerbruststreifen, Zwiebelringe, rote und grüne Paprika, Chili-Stückchen, etwas ausgepresster Limettensaft und ein Spritzer Tabasco oder Maggi-Würze. Serviert wird in Tortillas, ebenfalls auf heißen Steinen erwärmt, mit Guacamole und saurer Sahne.

Mehr zu dieser Garmethode auch auf S. 82.

FLAMMLACHS & CO. – DAS GAREN AUF DEM HOLZBRETT

Von all den Pfadfinder-Garmethoden ist das Garen auf dem Holzbrett die vielleicht delikateste, bei der auch noch das volle Aroma erhalten bleibt. Auf den ersten Blick mag man meinen, so ein Essen sei trocken und schmeckte heftig nach Rauch, doch weit gefehlt! Denn bei dieser Methode gart das Essen in der Strahlungswärme neben dem Feuer und die Feuchtigkeit wird im Inneren festgehalten. Es nimmt zwar auch ein zart rauchiges Aroma an, sehr feine Aromen steigen jedoch vor allem aus dem Holz selbst auf. Da überrascht es nicht, dass besonders gerne Fisch auf Holzbrettern gegart wird – eine in den Wildnis-Camps Skandinaviens weit verbreitete und allseits beliebte Methode.

Auf dem Holzbrett kann man alles Mögliche garen, einzige Voraussetzung ist, dass es von Natur aus dünn ist. Beliebt sind Schinkenspeck, Lachs und Forellenfilets. Das Brett lässt sich mehrmals verwenden, wenn man es vor dem

neuerlichen Einsatz einfach ein paar Minuten über dem Feuer sterilisiert. Sogar Brot lässt sich auf dem Holzbrett backen, solange der Teig eine geeignete Konsistenz hat: dünn und klebrig, sodass er ohne Befestigung auf dem Brett hält.

Das Brett gewinnt man aus einem Stamm von geeigneter Größe, das Holz soll trocken, ungiftig und möglichst nicht harzend sein. Ich verwende am liebsten Erle und Salweide, weil sie dem Essen ein angenehmes Aroma verleihen. Der Stamm wird mit der Axt in zwei Hälften gespalten, und mit diesen beiden Bohlen kann's schon losgehen. Wird das Holz vorab nass gemacht, gibt es beim Garen mehr Aroma ab. Wie stark man das Holz durchnässt, hängt vom Holz und den Bedingungen ab, hier sollte man experimentieren und sich von der Erfahrung leiten lassen.

Das Holz für die Befestigungspflöcke muss von Natur aus härter sein als das fürs Brett und natürlich ebenfalls ungiftig. Natürlich gealtertes Hartholz empfiehlt sich hier, das man zunächst zu grob 10 × 7 × 300 Millimeter großen Stücken spaltet und daraus dann wie abgebildet kleine keilförmige Pflöcke schnitzt.

FLAMMLACHS VOM HOLZBRETT

Bei dieser unverwüstlichen und verlässlichen Methode kann man leicht ein Auge auf den Garprozess haben, während man die anderen Zutaten vorbereitet. Ist der Fisch gar, lässt er sich gut portionieren und auf Tellern anrichten oder nach altbewährter Waldbewohner-Sitte direkt vom Flammbrett essen.

1. Das Fischfilet mit der Haut nach unten auf das Brett legen und an den Stellen für die Befestigungspflöcke durchbohren. Das ist wichtig, weil die Haut sehr fest ist. Mit dem flachen Ende der Axt so die Pflöcke ins Brett treiben, dass die schmalen Enden der Keile in Linie mit den Holzfasern beziehungsweise der Maserung sind. Vier Pflöcke sind meist ausreichend.
2. Das Fischfleisch mit Salz und gemahlenem schwarzem Pfeffer bestreuen. Im Anglercamp sollte man zu diesem Zwecke möglichst mit trockenem Seetang gemischtes Salz dabeihaben – köstlich!
3. Das Brett mit dem Wind hochkant ans Feuer stellen, abgestützt durch einen gegabelten Ast, einen Stein oder geeigneten Baumstamm.
4. Langsam garen und den Anstellwinkel nach Bedarf anpassen.

MAISFLADEN - JOHNNYCAKE

In weiten Teilen Nordamerikas kennt man kleine Maisfladen unter den Namen *Johnnycake* und *Hoecake*. Im Amerikanischen Bürgerkrieg erfanden die Soldaten der Konföderierten eine Spezialversion dieser Fladenbrote, die sie *Sloosh* oder *Ramrod Rolls* nannten. Letzteres könnte man mit Ladestock-Brötchen übersetzen. Für den Teig rührten sie Maismehl in ausgelassenen Speck und fügten Wasser hinzu und, falls sie eins hatten, auch ein Ei. Diese Fladen wurden auf allem ausgebreitet, was den Soldaten gerade in die Hände fiel – selbst auf Schaufeln – oder auch irgendwo drumgewickelt – um einen Stab, einen Knüppel oder eben einen Ladestock (daher der Name) – und über dem Feuer gebacken.

ZUTATEN

- 50 g Maismehl
- ½ TL Salz
- 1 TL Zucker oder Süßungsmittel (brauner Rohrzucker, Ahornsirup, Melasse, Zuckerrübensirup o. ä.)
- 250 ml kochendes Wasser
- ½ Tasse essbare wilde Beeren oder Nüsse (falls vorhanden)

ZUBEREITUNG

1. Das Maismehl, das Salz und den Zucker beziehungsweise Süßungsmittel vermengen, dann das kochende Wasser hinzugeben und verrühren.
2. 10 Minuten quellen lassen, bis das Maismehl die Flüssigkeit aufgesogen hat.
3. Nun die gegebenenfalls vorhandenen wilden Beeren oder Nüsse hinzugeben. Ist der Teig allzu fest, etwas kaltes Wasser beimengen. Die Konsistenz soll aber schon recht zähflüssig sein, eine klebrige Masse eben.
4. Das Flammbrett am Feuer erhitzen, bis kurz vor den Punkt, da es Feuer fängt.
5. Das Brett vom Feuer nehmen und den Teig maximal 1 cm dick draufstreichen. Die klebrige Masse hält von alleine.
6. Um den *Johnnycake* zu backen, das Brett angemessen schräg neben das Feuer in die Hitze stellen. Den Anstellwinkel nach Bedarf anpassen.

VARIATION

Alternativ kann man den Teig mit Wasser oder Milch auch weiter verflüssigen, bis er etwas dicker als Eierkuchenteig ist. So lassen sich auf einem Grillblech oder in einer Bratpfanne kleine Pfannküchlein daraus backen.

ORIGINALREZEPT FÜR JOHNNYCAKE

„1 Pint Milch erhitzen und zu 3 Pint Maismehl und einem halben Pint Mehl geben – am Feuer backen. Oder zwei Drittel des Maismehls mit Milch erhitzen oder die zwei Drittel mit kochendem Wasser übergießen, Salz, Melasse und Backfett hinzufügen, mit kaltem Wasser recht steif rühren und wie oben backen.“ *American Cookery*, Amelia Simmons (1796)

GRILLPLATTE UND GRILLROST

IN DER FREIEN NATUR SPEISEN ZU GAREN, ist ja selbst für Outdoor-Einsteiger nichts Neues – etwas auf den Grillrost zu legen ist uns vertraut und auch der Begriff Barbecue dürfte für viele inzwischen kein Fremdwort mehr sein. Grillplatte und Grillblech kennt man dagegen wohl eher aus dem Schnellimbiss, wo Würstchen, Steak, Hackfleisch, Fischsteak und dergleichen darauf brutzeln. Grillplatte und Grillrost sind eng miteinander verwandt – das Prinzip ist im Grunde dasselbe und regelrecht prädestiniert für die gehobene Outdoor-Küche.

DIE GRILLPLATTE

Das Garen auf der Grillplatte ist nichts weiter als das Garen auf einer heißen Oberfläche, verwandt mit der Bratpfanne, aber doch auch wieder ein wenig anders. Ursprünglich bestanden Grillplatten aus heißen flachen Steinen oder Steinplatten. Diese werden entweder vorab erhitzt oder im Falle des Grillblechs oder der gusseisernen Grillplatte während des Garens. Auf einer Expedition mit Fahrzeug empfiehlt sich des besseren Transports wegen eine Metallplatte oder ein Grillblech mit einklappbaren Standfüßen. Ich selbst verwende eine einfache kleine Grillrost-Grillblech-Kombination, die zwar nur klein ist, für zwei Leute jedoch völlig ausreicht und mit ein bisschen Organisation auch gut und gerne vier Menschen versorgt, besonders in Kombination mit weiterem Koch- und Bratgeschirr.

Der Vorteil der Grillplatte besteht darin, dass die Speisen weder dem Feuer direkt ausgesetzt sind noch den Stichflammen, die hochzüngeln, wenn Fett auf die Glut tropft. Ein Grillblech lässt sich sogar direkt ins lodernde Feuer stellen, wenn auch ein gutes Glutbett vorzuziehen ist. In vielen Wildnisküchen wird wohl kaum mehr als Speck, Eier und Würstchen auf dem Grillblech bereitet, jedoch eignet es sich tatsächlich für alle Arten von Speisen: Fisch, Schalen- und Krustentiere, Gemüse, Nudeln, Kartoffeln und Reis – all das eignet sich hervorragend. Damit es gelingt, braucht es jedoch etwas mehr als nur durchschnittliches Können. Allzu oft wird das Grillblech einfach nur auf einen Haufen lichterloh brennender Zweige geklatscht und Schinken und Eier draufgeworfen, bis alles fast schwarz und verbrannt ist. Wenn es gut gemacht wird, ist die Zubereitung auf der Grillplatte nicht nur schnell und gut, sondern auch gesund. Ein Küchenutensil, in das man sich leicht verliebt.

Seltsamerweise lernt man die Zubereitung auf dem Grillblech am besten anhand einer steinernen Grillplatte – der heiße Stein ist auch Thema im Kapitel Kochen wie die Pfadfinder (siehe S. 48–79).

GRILLPLATTEN AUS STEIN

Es gibt zwei Arten steinerne Grillplatten: zusammengesetzt aus vielen einzelnen Steinen oder in Form einer einzigen großen Steinplatte. Jede hat ihre Vorteile, die sie unter bestimmten Umständen als eher geeignet erscheinen lässt. Wie immer, wenn Steine erhitzt werden, sollten diese erstens nicht dazu neigen, wie Feuerstein oder Beton in der Hitze zu zerbrechen und zweitens trocken sein, da ein feuchter Stein leicht zerplatzt, wenn sich die darin befindliche Feuchtigkeit in der Hitze ausdehnt. Und schließlich dürfen kalte Steine nie ins bereits heiß brennende Feuer geworfen, sondern müssen langsam erwärmt werden.

AUS VIELEN EINZELNEN STEINEN ZUSAMMENGESETZT

Solcherart Grillflächen wurden traditionell für die Zubereitung von Fisch verwendet – hier sind sie unübertroffen –, aber auch allerlei anderes lässt sich auf ihnen garen. Im Regen werden sie unbrauchbar, ohne Tarp oder Schutzdach können sie also immer nur eine Schönwettervariante sein.

Die zusammengesetzte Grillfläche besteht aus großen Steinen mit mindestens einer langen, breiten und flachen Seitenfläche, oder aus mehreren Steinplatten. Sie werden zu einem großen Viereck nebeneinander gelegt. Noch besser ist es, sie im Boden ein Stück weit einzubuddeln, sodass nur noch ca. 2–3 cm herausschauen. So werden die Steine festgehalten, was dem Ganzen Stabilität verleiht. Während man das Essen zum Kochen vorbereitet, wird schon einmal ein munteres Feuer auf den Steinen entzündet und geschürt, damit sich die Steine mit Hitze aufladen. Kleine, dünne Steine eignen sich nicht für diese Methode, da sie sich zu schnell wieder abkühlen, nachdem die Glut entfernt wurde.

Wenn das Feuer niedergebrannt ist, werden Glut und Asche zur Seite geschoben. Die Steine sind sehr heiß, also auf keinen Fall anfassen! Kleine Kinder sollten zur Sicherheit ferngehalten werden. Nun kann man die Steine mit etwas Fett vom zu bratenden Fleisch oder mit Pflanzenöl bestreichen, und dann wird das Grillgut direkt auf die Steine gelegt. Man benötigt eine lange Grillzange und einen Bratenheber, um das Grillgut zu wenden, und eine saubere Oberfläche – Platte, Brett oder Teller –, auf die man das fertig Gegrillte schiebt. Am Anfang brutzelt alles schnell und punktuell, weil die Steine sehr heiß sind, später stellt sich eine eher gleichmäßige und gemäßigte Grilltemperatur ein.

EINE GROSSE STEINPLATTE

Zwar sind runde, aus alten Ölfässern geschnittene Bleche auf dem Vormarsch, aber dennoch ist die erhitzte Steinplatte nach wie vor der Klassiker und kommt noch überall auf der Welt zum Einsatz. In den Hochwüsten des nordamerikanischen Südwestens müssen beispielsweise Hopi-Mädchen, ehe sie heiraten dürfen, traditionell ihre Fähigkeit unter Beweis stellen, ein hauchdünnes Piki-Brot aus Maismehl auf einer erhitzten Steinplatte zu backen. Ebenfalls in bergigen Regionen, wo dank der Geologie viele dünne flache Felsplatten zur Verfügung stehen, werden diese als schnell verfügbare Kochstellen verwendet, um gejagtes Wild, besonders Schnee-, Moor- und dergleichen Wildhühner zu braten.

Der Vorteil dieser Steingrillplatten ist, dass man sie von unten her beheizen kann, indem man ein kleines Feuer aus trockenem Heidekraut oder verwitterten Zweigen von Hochlandsträuchern darunter anlegt. Solche Zweige brennen heiß, man muss also sehr aufpassen, nicht die Heide in Brand zu stecken – die Folgen wären katastrophal!

Sobald die Platte heiß ist, lässt man etwas in einer Flasche mitgeführtes Öl oder Fett vom zu bratenden Fleisch zerlaufen und grillt dann die Wildhühnerbrust im Ganzen oder in Streifen geschnitten, was sehr schnell geht. Etwas Schnaps aus dem Flachmann ist eine willkommene Ergänzung, um das Fleisch zu flambieren. Geschmacklich das Tüpfelchen auf dem i.

GRILLPLATTEN AUS STAHL

DAS TRAGBARE GRILLBLECH

Auf dieser Art Grillplatte kann man seine kulinarische Meisterschaft unter Beweis stellen – wenn man sie pflegt. Allzu oft sieht man, wie schlecht gepflegte Metallgrillplatten leiden. Ein Grillblech aus Karbonstahl will permanent in Schuss gehalten sein. Scheuen Sie sich nicht, rostigen Stellen mit feinem Schmirgelpapier zu Leibe zu rücken oder damit die Grillfläche ordentlich zu glätten. Man macht dies, nachdem das Blech abgewaschen und abgetrocknet wurde und bevor man das Blech durch Erhitzen einbrennt. Danach gibt man etwas Pflanzenöl auf ein Stück Küchenpapier und reibt das Blech damit ab. Obacht, Zange verwenden und nicht die Finger verbrennen! Das Ganze wird wiederholt, bis die Oberfläche braun oder blau angelaufen ist und das Küchenpapier beim Darüberwischen sauber bleibt. Auf einem so behandelten und eingebrannten Grillblech haftet das Grillgut nicht an. Außerdem ist das Eisen geschützt und rostet nicht.

Im Gegensatz zur Grillplatte selbst, die schnell bereitsteht, kommt es bei der Zubereitung der Speisen auf selbiger in erster Linie auf eine minutiöse Vorbereitung an – die des Feuers und die des Essens. Während man das Essen vorbereitet, sollte bereits das Feuer brennen, damit sich ein sattes Glutbett bilden kann. Das Grillblech wird seitlich am Feuer platziert, sodass sich das hintere Ende des Blechs direkt über dem gleichmäßigen Glutbett befindet und unter dem vorderen keine Glut liegt. Dadurch ist die hintere Fläche sehr heiß, die vordere nur moderat temperiert. Dies erfordert einige Übung und muss auf die Umgebungstemperatur

oben: Ein kleines Grillblech aus Stahl lässt sich prima im Geländefahrzeug transportieren. Dieses hier hat den Vorteil, dass es zudem noch mit einem Grillrost aufwartet.

abgestimmt werden. Aber wenn es gelingt, kann man ganz leicht die Gartemperatur regeln, indem man das Grillgut auf der Platte verschiebt.

Es empfiehlt sich, Gemüse an- beziehungsweise vorzukochen, damit es auf der Grillplatte schneller gar wird – so, wie man es bei Wok-Gemüse, das zwar scharf, aber nur sehr kurz gebraten wird, auch machen würde – und langsam garendes Gemüse kleiner zu schneiden als den Rest, sodass alles gleichzeitig gar wird. Zunächst wird etwas Speiseöl auf dem Grillblech erhitzt und dann erst das Grillgut hinzugegeben. Das Öl sparsam einsetzen. Der Vorteil des Grillblechs gegenüber der Bratpfanne ist nämlich genau der, dass weitaus weniger Öl verwendet wird. Jedoch sollte Butter bereitstehen, um einige der Zutaten glasieren zu können, sowie natürlich Salz und Pfeffer. Ich selbst gebe immer auch noch einen Spritzer Sojasoße oder Balsamessig hinzu, wenn ich etwas auf dem Grillblech bereite.

Das Grillgut wird mit Hilfe zweier metallener Bratenwender beziehungsweise Metallschaber, einer Tranchiergabel oder einer Grillzange bewegt. Eine Grillplatte ist nicht dafür gedacht, mit brachialer Hitze etwas sehr schnell zu braten – nehmen Sie sich Zeit, gehen Sie behutsam vor und haben Sie Geduld. Ist das Grillblech groß genug, kann man eine Pfannenhaube über das Grillgut decken, dadurch entsteht ein Backofeneffekt, der das Garen beschleunigt und ein Austrocknen verhindern hilft. Während des Grillens wird mit dem Metallschaber immer wieder das Blech saubergeschabt.

Die kleinste Unaufmerksamkeit kann das größte Fiasko nach sich ziehen. Goldene Regel bei dieser Zubereitungsart: Sobald das Essen auf dem Grillblech liegt, ist es unablässig im Auge zu behalten.

Wie Sie bald merken werden, ist das Garen auf dem Grillblech eine Kunst, bei der das richtige Timing die Hauptrolle spielt. Wenn ein Teil angebraten ist und an eine weniger heiße Stelle auf dem Blech geschoben wurde, ist das nächste dran, sehr heiß und schnell angebraten zu werden. Die Kunst besteht darin, alles im richtigen Moment zusammenzubringen. Doch auch wenn das entmutigend klingt, verheißt doch das Grillblech eine Möglichkeit, auf wunderbar gesellige Weise draußen zu kochen – die Gäste sitzen ums Feuer, gepeinigt von den aufsteigenden Grillaromen und Bratendüften und dem Anblick des leckeren Essens. Und selbst wenn das Timing nicht ganz so klappen sollte wie geplant, wird man Ihnen wohl vergeben. Denn wichtiger noch als alles Timing ist der Spaß an dem, was man tut, und auch hin und wieder über sich selbst lachen zu können.

DIE MUURIKKA-GRILLPFANNE

In den vergangenen Jahren fanden diese vorzüglichen Grillpfannen den Weg aus Finnland zu uns. Als eine Art Kreuzung aus Wok und Grillblech sind sie für das Grillen über offenem Feuer gemacht, lassen sich gut transportieren und können somit das klassische Grillblech ersetzen. Doch auch hier erzielt man die besten Ergebnisse, wenn man sie über einem Glutbett anstatt über lodernden Flammen betreibt. Zudem macht sich eine Muurikka-Feuerpfanne gut über einer Glutgrube (siehe S. 52 und 87). Dazu wird sie genau über die runde Grube gestellt, sodass sie in der Mitte besonders heiß wird und an den Rändern weniger.

REINIGUNG EINES GRILLBLECHS

Das meiste wird mit dem Metallschaber abgekratzt. Sobald das Blech abgekühlt ist, wischt man es mit einem Stück Küchenpapier ab, das in Pflanzenöl getunkt wurde. Noch einmal mit einem sauberen Stück Küchenpapier nachwischen, fertig!

DER GRILLROST

Der Grill ist allseits bekannt und bedarf keiner großartigen Einführung. Diese beliebte und zu köstlichen Ergebnissen führende Zubereitungsart hat ihre Wurzeln im Freien, ist sozusagen die Mutter der Outdoor-Küche. Der Ur-Grillrost bestand aus frischem, grünem Holz – wahrscheinlich war es nicht einmal ein Rost, sondern waren es einfach nur Stöcke, nebeneinander über die Glut gelegt und rechts und links auf je einem Baumstamm gelagert. Diese Variante wird noch heute verwendet, besonders von indigenen Jägern im verbliebenen tropischen Regenwald. Sie bauen hohe Grillgestelle, nicht nur um Essen zuzubereiten, sondern auch, um Fleisch und Fisch vor Ort überm Feuer zu räuchern und haltbar zu machen, ehe alles ins Dorf transportiert wird. Ein leichter Grillrost lässt sich wirklich einfach transportieren und mit Steinen oder Baumstämmen lässt sich auch ein Untergestell improvisieren. Auf Kanadas Campingplätzen findet man nicht selten Grillroste, die bereitstehen und nur darauf warten, an der Feuerstelle benutzt zu werden.

Ich persönlich habe jedoch nie einen Grillrost mitgeschleppt. Viel lieber improvisiere ich und bastle einen aus grünen Schösslingen. Einige Varianten sind hier im Buch abgebildet. Man könnte meinen, dass sie das Grillen nicht lange aushalten, aber sie tun es und können vielfach sogar mehrmals verwendet werden. Zudem fangen diese einfachen Holzgrillroste das eigentliche Wesen des Grillens sehr gut ein, denn trotz der augenscheinlich ungestümen, intensiven Hitze des Feuers gelingt es, sofern das Grillgut wohl dosiert und mit viel Bedacht dieser Hitze ausgesetzt wird.

DAS FEUER WILL BEHERRSCHT SEIN

Zu Hause grillt man entweder mit Holzkohle oder Gas und beide Varianten sorgen für eine gleichmäßige, verlässliche, langanhaltende Hitze. Wer jedoch in der Wildnis unterwegs ist, erzielt dasselbe mit einem Holzfeuer. Das Grillen am Holzfeuer ist der Ursprung des amerikanischen Barbecues und liefert ein sogar noch besseres Aroma, erfordert aber auch mehr Geschick und Sorgfalt, was das Beherrschen des Feuers angeht. Genau wie beim Grillen auf der Grillplatte ist auch hier eine gute Vorbereitung der Schlüssel zum Erfolg.

Feuerholz und Anzünden

Das Feuerholz spielt eine äußerst wichtige Rolle. Natürlich soll es von Bäumen stammen, die nicht giftig sind. Das Holz muss sehr trocken sein und möglichst von einer Art, die ein heißes und lang anhaltendes Glutbett erzeugt. Eiche, Buche, die australische Mulga-Akazie oder der amerikanische Mesquitebaum sind nur ein paar Beispiele. Totholz, das noch nicht umgestürzt ist oder sich zwischen Ästen über dem Boden verhakt hat, eignet sich am besten. Gespaltenes Holz brennt am schnellsten, aber bitte nicht allzu sehr kleinhacken, denn die Holzkohlestückchen in der Glut brauchen ja eine gewisse Größe.

Das Feuer muss beizeiten angezündet und gut aufgebaut werden. Die Fähigkeit, den richtigen Zeitpunkt abzupassen, an dem das Grillgut aufzulegen ist, kommt mit der Erfahrung. An der dem Rauch abgewandten Seite des Feuers wird nun Glut aus dem Feuer gezogen, so viel und so hoch, dass sie während des gesamten Grillens durchhält. Die Glut eines Holzfeuers brennt schneller nieder als fertige Holzkohle, die Glutmenge muss also größer ausfallen.

Beim Verbrennen von Holz durchläuft das Feuer einen Zyklus, bei dem die Temperatur zunächst ansteigt, ihren Höhepunkt erreicht und dann allmählich wieder sinkt, sofern nicht neue Glut hinzukommt. Das Nachlegen mit Brennholz hat zunächst einen kühlenden Effekt, da sich damit die Oberfläche wieder vergrößert, wie am Anfang des Verbrennungszyklus. Will man also die Hitze im Glutbett erhöhen, darf man nicht einfach Brennholz nachlegen, sondern muss Glut aus einem nebenan brennenden Feuer holen.

Am besten legt man das Grillgut auf den Rost, kurz bevor die Hitze ihren Höhepunkt erreicht, denn zum

Anbraten soll sie am intensivsten sein. Sobald die Temperatur wieder sinkt, surfen wir mit der Welle und legen das Grillgut entsprechend an andere Stellen des Rosts oder Blechs. Nur durch das Verschieben des Grillguts lässt sich die Gartemperatur regeln. Es ist ein dynamischer Prozess - besonders, wenn man den kühlenden Effekt eines kalten, windigen Tages bedenkt. Das Schlimmste, was passieren kann, ist zu viel Hitze, die das Essen verbrennt. Das Zweitschlimmste ist, dass die Glut zu schnell ihre Hitze verliert.

In heißen Ländern ist es üblich, ein Glutbett anzulegen und sich auf seine lang anhaltende Wärme zu verlassen. In kälteren Breiten hält man stattdessen seitlich neben dem Glutbett und dem Grill das Feuer weiter am Brennen, um bei Bedarf immer neue Glut zur Verfügung zu haben. Die Hitze kann man abschätzen, indem man die Hand über die Glut hält und langsam so lange zählt, bis man es nicht mehr aushält. Mit der Zeit wird man so immer besser, was das Beurteilen der richtigen Temperatur angeht. Wenn man bis fünf zählen kann, ist das meist der richtige Moment für Fleisch oder zum Backen. Die Glut sollte jetzt rot glühen und weiße Asche sich auf ihrer Oberfläche bilden.

WÜRZEN UND GLASIEREN

Ich würze mein Grillgut, bevor ich es auf den Rost lege. Fleisch salzt man am besten 15–20 Minuten vor dem Auflegen.

Gegrilltes zu glasieren, ist eine köstliche Verfeinerung, selbst wenn man nur simplen Honig dafür nimmt. Nur nicht zu früh – ich glasiere meist erst nach ungefähr der Hälfte der Garzeit –, denn sonst verbrennt oder verkohlt die Glasur, zumal die meisten Substanzen, die man zum Glasieren verwendet, irgendeine Form von Zucker enthalten.

DER METALLENE GRILLROST

Wenn das Glutbett eine gleichmäßige Stärke hat, wird der Grillrost in einer Höhe von 10–15 cm über der Glut platziert. Und zwar so, dass - wie beim Garen auf dem Grillblech auch - eine Hälfte sehr heiß wird und die andere nur moderat warm. Wenn allerdings etwas auf den Grill kommen soll, das gleichmäßig durchgegart wird, wie beispielsweise ein Platthuhn (nach Spatchcock-Art abgeplattetes, aufgeklapptes Brathähnchen), dann müssen Glutbett und Grillposition entsprechend angepasst werden. Doch zunächst wird der Grillrost erst einmal erhitzt und mit einer Messingbürste von verkohlten Resten der letzten Mahlzeit befreit.

RICHTIG GRILLEN LEICHT GEMACHT

Während das Feuer zu Holzkohle verbrennt, ist das Grillgut vorzubereiten, damit sogleich aufgelegt werden kann, wenn sich die Glut in optimalem Zustand befindet.

Man beginnt wie immer mit den Speisen, die die längste Garzeit haben und bedient sich der heißen und der weniger heißen Stellen auf dem Grillrost so, dass ein perfektes Grillergebnis erzielt wird. Zartes und leicht Zerfallendes wie Fisch muss man sehr vorsichtig behandeln, dickere Fleischscheiben dagegen permanent wenden. Wirklich dicke Steaks sollte man übrigens meiden, da ihre Oberfläche dazu tendiert auszutrocknen, noch ehe in der Mitte die richtige Temperatur erreicht wird. Steaks bis zu einer Stärke von maximal 2 cm sind ideal. Dickere kann man klopfen, bis die gewünschte Stärke erreicht ist.

Sollte sich herabtropfendes Fett entzünden, schiebt man das Grillgut zur Seite, aus der Flamme heraus. Aus der Holzkohle aufsteigende Aromen tragen positiv zum Geschmack des Grillguts bei, brennendes Fett dagegen verdirbt es eher.

IMPROVISIERTE GRILLS

Die Glutgrube

Wer für die Glut eine Grube anlegt, kann die Langlebigkeit des Glutbetts auf einfache Weise erheblich verlängern. Man gräbt etwa 30 cm tief und so breit, wie das Feuer eben werden soll, rund oder viereckig, je nach Bedarf. Darin und darüber wird ein Feuer entfacht, sodass sich die Grube mit Glut füllt. Wie beim Erdofen trägt ein Auskleiden des Grubenbodens mit ein paar Steinen dazu bei, dass kontinuierlich und lang anhaltend Wärme abgestrahlt wird.

Ist die Grube mit Glut gefüllt, schiebt man das Feuer auf die Seite und grillt über der Glutgrube. Das funktioniert mit einem Bratstock außerordentlich gut.

Der Bratstock

Bratstöcke werden aus grünen Zweigen oder Schösslingen von ungiftigem Holz wie Hasel, Weide oder Birke gefertigt. Zur Herstellung gibt es die verschiedensten Methoden. Wichtig ist, dass am Ende eine Art stabiler Grill herauskommt. Es kursiert die irrige Annahme, man müsse sie übers Feuer halten, aber ein schnellerer Weg, um das Feuer mit einem guten Steak zu füttern, wird sich kaum finden lassen. Stattdessen werden die Stöcke wie auf S. 92 illustriert über die Glut drapiert, gehalten von Hilfsstöcken, Stämmen oder Steinen. Dass sie nur eine kurze Zeit lang durchhalten, ist klar, aber für die meisten Zwecke genügt das und nach Gebrauch kann man sie einfach wieder der Natur überlassen.

Ein Hibachi im Wald

An den Straßenecken Japans bereiten die Köche noch immer Essen an Bratspießen zu, die in sauber angeordneten Reihen auf langen, schmalen Holzkohlebecken namens *Shichirin*, *Konro* oder *Kanteki* ruhen. Auf diesen kommerziell betriebenen Grills brutzeln alle möglichen Köstlichkeiten, von *Yakitori* und geräuchertem Aal bis hin zu gesüßten Reiskugeln und *hachinoko gohan* (süße Wespenlarven). Diese Art der Zubereitung ist so beliebt, dass in den vergangenen Jahren sogar Restaurants aufmachten, in denen die Gäste selber ihre Spieße am eigenen Tisch-*Shichirin* grillen können. Jedoch - sie mögen noch so gut sein, gegen den ursprünglichen Waldgrill, der die Inspiration dazu gab, verblassen sie zu kulinarischer Bedeutungslosigkeit.

Man braucht weiter nichts als eine lange, schmale, vorab natürlich mit Glut gefüllte Glutgrube und ein paar gerade, daumendicke, etwa 1 Meter lange Schösslinge. Diese spaltet man zu Grillspießen und schnitzt sie so zu, dass der Querschnitt flach und breit oder dreieckig ist - je nachdem, welches Grillgut man aufspießen möchte. Sie müssen logischerweise länger sein, als die Stützen oder gegabelten Stöcke auseinanderstehen.

Damit sie nicht gleich verbrennen, werden die Spieße zunächst gewässert, dann mit dem Grillgut bestückt und zum Grillen über der Glut platziert. Damit alles gleichmäßig gart, muss man sie ab und zu wenden. Gut geschnitzte Grillspieße rollen dabei nicht in die alte Position zurück, dafür sorgt der kantige Querschnitt. Während die Glut herunterbrennt, fächelt man mit einem Bündel Blätter Luft zu, was die Hitze nach Bedarf wieder erhöht.

DAS PERFEKTE STEAK

Ein Steak zu braten, ist eigentlich nicht schwierig, auch wenn es oft nicht gut gemacht ist. Wichtig ist vor allem, hochwertiges Fleisch in Bioqualität zu verwenden. Beim Grillen geht es darum, das natürliche Aroma und die Textur des Grillguts besonders zur Geltung zu bringen. So einfach diese Methode auch ist, sie bringt jegliche Unzulänglichkeiten des Grillguts schonungslos ans Licht.

ZUTATEN

Steak
Olivenöl
Salz und Pfeffer nach Belieben

ZUBEREITUNG

1. Ungefähr 20 Minuten vor dem eigentlichen Grillen wird das Steak vorbereitet. Ist es sehr dick, empfehle ich, es sachte auf eine Stärke von 2 Zentimeter breitzuklopfen. Auf der Grillplatte hingegen lassen sich Steaks bis zu einer Stärke von etwa 3 Zentimeter gut braten, da sie das weniger stark austrocknet.
2. Das Steak salzen und pfeffern und vollständig mit Olivenöl einreiben.
3. Um Ablenkung beim Grillen zu vermeiden, alles Benötigte in Reichweite bereitlegen: Werkzeug, Grillgut, Öl, Gewürze. Und einen letzten prüfenden Blick aufs Feuer werfen.
4. Das Steak an der heißesten Stelle des Grillblechs beziehungsweise Grillrosts kräftig anbraten.
5. Ist die Oberfläche ordentlich angebraten, das Steak an eine weniger heiße Stelle auf der Grillplatte beziehungsweise dem Rost legen, sodass es langsamer weitergaren kann. Häufig umdrehen. Nicht vergessen: Steaks, die länger brauchen, immer schonend und langsam bei geringer Hitze schmurgeln und niemals volles Rohr abfackeln.
6. Mit einem Grill- beziehungsweise Fleischthermometer den Garzustand überprüfen (siehe S. 214). Sobald die gewünschte Temperatur erreicht ist, das Steak noch 3 Minuten lang bei dieser Temperatur belassen und dann erst vom Grill nehmen.
7. Auf einen Teller legen und vor dem Servieren 5 Minuten ruhen lassen. Das richtig hinzubekommen, ist eine Kunst, also selbstkritisch sein und streng nach Anleitung vorgehen, bis sich genügend Erfahrung eingestellt hat, um das Ganze mit Augenmaß und ohne Stoppuhr beurteilen zu können.

JUNGES BRATHÄHNCHEN MIT CHILI-GLASUR

Stubenküken sind schnell und leicht durchgebraten. Damit sind sie das ideale Geflügel für Anfänger im Draußenkochen und junge Abenteurer, die ihre Wildnis-Kochkünste verbessern möchten. Erfahrenere Köche können diese Methode auch auf ein ausgewachsenes Huhn anwenden, wobei allerdings eine längere Garzeit erforderlich und dem gesamten Prozess mehr Aufmerksamkeit zu schenken ist.

ZUTATEN

ergibt 2 Portionen

1 Stubenküken
1 frische rote Chilischote
ein 2,5 cm langes Stück frische Ingwerwurzel
Saft von 1 Limette
2 TL Sojasoße
1 TL brauner Zucker

ZUBEREITUNG

1. Die Bratspieße vorbereiten (siehe S. 87) und 30 Minuten in klarem Wasser einweichen, damit sie nicht verbrennen.
2. Das Feuer anlegen und mit Hartholz füttern, das gute Glut liefert. Während es herunterbrennt, den Vogel und die Glasur vorbereiten.
3. Rechts und links der Wirbelsäule Einschnitte vornehmen und das Rückgrat und das Brustbein heraustrennen (Spatchcock), aufklappen und plattgedrückt mit Hilfe der Bratspieße fixieren.
4. Die Glasur vorbereiten. Die Chilischote entkernen, den Ingwer schälen, beides fein hacken. Mit dem Limettensaft, der Sojasoße und dem braunem Zucker vermengen.
5. Den Vogel mit der Glasur bestreichen, mit der Knochenseite nach unten aufs Grillblech legen und garen. Das Fleisch darf nicht anbrennen. Gegebenenfalls den Vogel von der Grillplatte nehmen und die Hitze durch Reduzierung der Glutmenge drosseln.
6. Das Fleisch wenden und die Fleischseite grillen, bis die Haut goldbraun ist. Dabei nach Bedarf beträufeln.
7. Die Innentemperatur mit einem Bratenthermometer überprüfen (siehe S. 214) und, sobald korrekt, das Fleisch vom Grill nehmen und vor dem Servieren ruhen lassen.

YAKITORI – JAPANISCHE HÜHNCHENSPIESSE

Grillspieße sind in der asiatischen Küche beliebt, besonders auf Straßenmärkten sind sie ein Genuss. Fast alles kann auf einen Spieß geschoben und gegrillt werden – Brokkoli, Spargel, Fleisch, Fisch, Garnelen, generell Meeresfrüchte – doch das, was Yakitori erst zur Delikatesse macht, ist immer die Glasur.

ZUTATEN

ergibt 2–4 Portionen

2 Hühnerbrüste
2 Porreestangen
2 rote Gemüsepaprika, entkernt
6 Champignons
3 TL brauner Zucker
4 EL Wasser
125 ml Sojasoße
125 ml Mirin (süßer Reiswein)
1 Knoblauchzehe
gemahlener schwarzer Pfeffer oder Shichimi (scharfe japanische Gewürzmischung)
1 Prise Salz

ZUBEREITUNG

1. Ein paar Grillspieße zurechtschnitzen (siehe S. 87) und 30 Minuten in klarem Wasser einweichen
2. In der Zwischenzeit die Hühnerbrüste auf eine gleichmäßige Stärke von 1 cm klopfen und in 3 cm große Quadrate schneiden.
3. Den Porree in 4 cm lange Stücke, die Paprika in 3 cm große Quadrate und die Stiele von den Pilzköpfen schneiden.
4. Abwechselnd Fleisch- und Gemüsestücke auf die Spieße fädeln.
5. In einem kleinen Topf den Zucker, das Wasser, die Sojasoße und den Mirin vermengen und erwärmen, damit sich der Zucker auflöst. Währenddessen den Knoblauch zerdrücken, hinzufügen und Pfeffer einrühren. Sobald sich der Zucker gelöst hat, die Glasur beiseitestellen.
6. Nun die Spieße grillen. Traditionell gibt es immer ein paar, die salzig und ein paar, die süßlich schmecken.
7. Nach der geschätzten Hälfte der Garzeit die Glasur auf die Spieße streichen, die süßlich schmecken sollen. Keine Sorge, falls die Glasur zu dünn erscheint – sie wird in mehreren Schichten aufgetragen. Die restlichen Spieße mit einer Prise Salz bestreuen.
8. Die süßlichen Spieße immer wieder mit etwas Glasur bestreichen, bis sie gar sind und die Glasur wunderbar braun glänzt. Auch die gesalzenen Spieße grillen, bis sie goldbraun sind. Heiß servieren.

DAS BRATEN IN DER PFANNE

VOR VIELEN JAHREN fuhr ich mit einem begnadeten schwedischen Anthropologen durch die abgelegenen Vororte Moskaus. Als wir uns einem besonders grauen, geradezu orwellschen Hochhaus näherten, aus dem Massen von Arbeitern strömten, um zur Arbeit zu gehen, machte sich mein Kollege plötzlich ganz klein in seinem Sitz, schlug den Kragen hoch und versuchte verzweifelt, sich unsichtbar zu machen. Dabei murmelte er mit angsterfüllter Stimme *„skovorodá, skovorodá“*. Erst auf mehrmaliges Nachfragen hin fand ich heraus, dass er einmal eine amouröse Beziehung zu einer Dame aus diesem tristen Mietshaus hatte, die, als sie seines unsteten Wesens überdrüssig wurde, ihn mit einer *Skovorodá*, einer Bratpfanne, verprügelt und davongejagt hatte. Seitdem muss ich immer, wenn ich eine Bratpfanne sehe, an ihn denken. Seltsam, wie unser Gedächtnis funktioniert ... Wie auch immer, ich widme dieses Kapitel seinem Andenken.

Das Braten ist eine einfache und schmackhafte Art, Fleisch, Fisch und viele Gemüsesorten zu garen. Gut gemacht, bilden sich herrliche Aromen, die Zutaten behalten ihre Feuchtigkeit, bleiben zart und verheißen letzten Endes den Zauber eines goldenen Sonnenuntergangs.

Doch wer draußen im Freien etwas braten will, muss die Hitze in der Pfanne mit Bedacht einzusetzen wissen, schließlich sollen die guten Speisen honoriert und nicht in bitterem, verbranntem Öl versengt werden. Unzählige Male wurde ich Zeuge, wie Essen verdorben und in schwarzem Öl regelrecht ertränkt wurde. Das Geheimnis liegt im richtigen Beherrschen der Wärmequelle. Braten Sie niemals über einem lodernden Feuer, denn dort würde das Bratgut mit Sicherheit angesengt. Auch die Wahl der Bratpfanne spielt eine Rolle: Dünne Pfannen müssen immer in Bewegung gehalten und mit viel Fingerspitzengefühl verwendet werden.

Wenn ich brate, bereite ich Zutaten und Gerätschaften sorgfältig vor und lege alles in Reichweite bereit. Dann ziehe ich etwas Glut aus dem Feuer und beginne mit dem Braten. Ab jetzt ist äußerste Konzentration gefragt – bis alles fertig ist.

Beim Braten braucht es eine Pufferschicht zwischen der heißen Pfanne und dem Essen, normalerweise ist das Öl oder Fett. Die Wärmeübertragung von der heißen Pfanne

erfolgt sehr schnell, was bedeutet, dass sich das Braten in der Pfanne am besten für Dünnes eignet – was dicker als 2,5 Zentimeter ist, wird oberflächlich gar, bleibt innen aber roh. In der heimischen Küche wird das vermieden, indem man auf der Herdplatte anbrät und dann die Pfanne zum Fertiggaren in den Ofen schiebt. Draußen in der Natur ist uns diese Möglichkeit jedoch kaum gegeben.

WIE DAS BRATEN GELINGT

Das Braten im Freien erfordert in vielerlei Hinsicht ein höheres Maß an Geschicklichkeit als am heimischen Küchenherd, insbesondere bei Verwendung einer leichten Bratpfanne. Getreu der Alexander Suworow zugeschriebenen Devise, man solle hart trainieren, um leicht kämpfen (und siegen) zu können, werden wir uns herantasten und erkunden, wie man mit einer dünnen Bratpfanne ein gelungenes Mahl zaubert. Draußen zu kochen, hat seine Vorzüge. Man muss sie nur erkennen und sich zunutze machen, dann erreicht man auch das gewünschte Ergebnis.

ZUM BRATEN GEHÖRT FETT – DOCH WELCHES IST DAS RICHTIGE?

Zunächst geht es an die Auswahl des richtigen Öls. Wir brauchen eins mit einem hohen Rauchpunkt, also ein Öl, das bei hohen Temperaturen stabil bleibt (siehe die Tabelle unten). Gesättigte Fettsäuren, die den Cholesterinwert ansteigen lassen, sollten möglichst vermieden werden.

Erdnussöl ist, sofern wir es mitschleppen können oder wollen, den anderen überlegen, besonders beim Braten wie in einem Wok bei starker Hitze unter ständigem Rühren. Es gibt aber auch Momente, da hat man keine Wahl. Ist das einzige Öl, das zur Verfügung steht, ein hochwertiges natives Olivenöl extra, lässt sich zwar auch damit braten, aber nur mit allergrößter Vorsicht, damit es nicht überhitzt – besonders am offenen Kochfeuer.

Die Rauchpunkte diverser Öle

ÖL	RAUCHPUNKT	ÖL	RAUCHPUNKT
mildes Olivenöl (zum Braten)	240 °C		
Erdnussöl	230 °C	Rapsöl	205 °C
Ghee*	230 °C	Rindertalg	205 °C
Pflanzenöl	230 °C	Olivenöl	200 °C
Maiskeimöl	230 °C	Schweineschmalz*	185 °C
Palmöl	230 °C	Kokosöl	175 °C
Sonnenblumenöl	225 °C	Butter*	175 °C
Margarine	220 °C	Natives Olivenöl Extra	160 °C

* = gesättigte Fettsäuren

GRUNDZÜGE DES BRATENS

1. Die Pfanne bei mittlerer Hitze erwärmen.
2. Öl hinzufügen und die Hitze erhöhen, bis es schimmert und glänzt.
3. Das vorbereitete Bratgut hinzugeben. Ist das Öl heiß genug, zischt es, sobald es mit dem Bratgut in Kontakt kommt.
4. Das Bratgut fortwährend umrühren und wenden (ganze Fische und Fischsteaks natürlich nicht).
5. Beim ersten Anzeichen, dass das Öl zu rauchen beginnt, die Pfanne von der Wärmequelle nehmen.
6. Das Bratgut weiter in Bewegung halten, da es immer noch brät.
7. Wenn alles fertig durchgebraten ist, sofort servieren.

Tipp: Beim Braten immer volle Konzentration, bis zum Schluss!

DIE GRÖSSE DES BRATGUTS

Da sich das Braten in der Pfanne besonders für dünnes Bratgut eignet, muss erst einmal alles entsprechend kleingeschnitten werden. Sollte das nicht möglich sein - bei einem dicken Fischsteak beispielsweise -, behilft man sich mit einem Schuss Wasser. Dieses gibt man in die trockene Pfanne, erwärmt es bei mittlerer Hitze, legt den Fisch hinein, lässt das Wasser verdampfen, gibt erst dann einen großen Klecks Butter hinzu und brät den Fisch unter nur einmaligem Wenden fertig.

DAS BRATGUT WENDEN

Grundsätzlich soll das Bratgut permanent in der Pfanne hin- und herbewegt werden. Die Ausnahme bildet Fisch, der empfindlich ist und dabei zerfallen würde. Also wendet man Fisch nur einmal.

NICHT ZU VIEL IN DER PFANNE

Packt man zu viel in die Pfanne, kann die Feuchtigkeit nicht entweichen und das Bratgut wird eher gedünstet als gebraten. Besonders beim Anbräunen von Fleisch ist das zu beachten. Hier also die Fleischstücke aufteilen und schubweise anbraten.

EIER BRATEN

Eier sind sehr schnell gar, daher eignen sie sich hervorragend für unterwegs. Ein großer Fehler ist aber, sie über zu großer Hitze zu braten. Stattdessen erhitzt man bei mäßiger Hitze Öl in der Pfanne, gibt die Eier hinzu und nimmt die Pfanne dann sofort vom Feuer. Die Restwärme genügt, um die Eier fertig zu braten. Selbst in einer dünnen Pfanne steckt normalerweise genügend Restwärme. Falls nicht, verlangsamt sich das Garen. Dann muss die Pfanne halt noch einmal mit etwas Hitze gekitzelt werden. Richtig gebratene Eier backen weder an der Pfanne an noch sind sie verbrannt.

BRATEN WIE IM WOK

Der Wok beziehungsweise diese Methode eignet sich besonders für die Wildnisküche, weil gerade am Lagerfeuer leicht die starke Hitze entsteht, die man hierfür braucht. Man wählt ein Öl mit hohem Rauchpunkt - Erdnussöl ist ideal. Besonders wichtig bei dieser Methode ist die ständige Bewegung des Bratguts und die des Woks beziehungsweise der Pfanne.

FISCHFRIKADELLEN NACH PADDLER-ART

Dieses Rezept spiegelt die typisch spartanische Art der Verpflegung auf einer Kanutour wider, aber keine Angst: Diese Fischfrikadellen sind der Dauerbrenner unter den Lieblingsgerichten, denn sie machen nicht nur satt, sondern schmecken auch köstlich. Ich warte mit diesem Gericht gewöhnlich bis zu einem Tag, an dem das Wetter mies oder das viele Umtragen lang und mühsam war. Das einzige Problem ist, dass alle immer Nachschlag verlangen, und das Dilemma besteht darin zu entscheiden, ob man gleich noch mehr macht oder sich darauf freut, im weiteren Verlauf der Paddeltour noch einmal Fischfrikadellen anzubieten. Ich denke, es gibt größere Probleme als dieses.

ZUTATEN

ergibt 8–10 Fischfrikadellen

100 g Kartoffelpüreepulver (dehydriert)
gut 200 g Wildlachs aus Alaska (aus der Dose)
1 TL getrocknete gemischte Kräuter
eine gute Prise Anglersalz (siehe S. 50)
eine gute Prise gemahlener schwarzer Pfeffer
Mehl, um die Frikadellen darin zu wälzen
Erdnussöl, hitzeverträgliches Olivenöl oder Pflanzenöl zum Braten

ZUBEREITUNG

1. Das Kartoffelpüreepulver nach Packungsanleitung in Wasser auflösen.
2. Den Lachs, die Kräuter und die Gewürze hinzugeben und alles mit den Händen gut vermengen.
3. Die Masse zu kleinen Kugeln formen, 5 cm im Durchmesser.
4. Die Kugeln in etwas Mehl wälzen und leicht plattdrücken.
5. Die Pfanne erhitzen, dann das Öl erhitzen und die Frikadellen von beiden Seiten je etwa 3 Minuten braten, bis sie goldbraun und knusprig sind.

VARIATIONEN

- Wem das Anglerglück hold war, verwendet frischen Fisch anstatt Dosenlachs, natürlich sorgfältig filetiert und entgrätet, und gibt 1 EL in Wasser aufgelöstes Eipulver dazu, um das Ganze zu binden.
- Wer sich in der Natur beziehungsweise in der Botanik auskennt, fügt frische Kräuter hinzu. Selbst eine Prise sehr fein gehackte Fichtennadeln passt gut.

FORELLE BESCHWIPST

Ein einfaches Rezept, schnell und mühelos zubereitet, sogar spontan gleich am Wasser. Obwohl es sehr schnell geht und einfach ist, gereicht es doch dem Fisch zur Ehre.

ZUTATEN

ergibt 2 Portionen

2 Forellenfilets mit Haut (oder jeder andere Fisch aus der Familie der Lachsartigen)
Anglersalz (siehe S. 50)
3 EL Butter
Weinbrand (Die Menge überlasse ich jedem selbst. Der Fisch soll angeheitert sein, nicht besoffen!)
375 ml Sahne oder Crème fraîche
wild wachsendes Schaumkraut zum Garnieren (falls vorhanden)
gekochte Kartoffeln oder Reis und Erbsen als Beilage

ZUBEREITUNG

1. Die Filets von allen Seiten mit Anglersalz bestreuen.
2. Die Bratpfanne über mittlerer Hitze erwärmen, dann die Butter hineingeben und zerlaufen lassen, bis sie leicht schäumt.
3. Den Fisch hinzugeben und von allen Seiten goldbraun braten.
4. Den Weinbrand in die Pfanne geben und entzünden: Durch leichtes Schräghalten der Pfanne fängt er Feuer. Vorsichtig dabei sein!
5. Wenn der Weinbrand nicht mehr brennt, die Sahne beziehungsweise Crème fraîche einrühren und weiter köcheln lassen, bis der Fisch gar ist. Mit der Spitze des Messers lässt sich das leicht überprüfen: Das Fleisch muss hell sein und leicht zerfallen.
6. Dazu gekochte Kartoffeln oder Reis und Erbsen reichen. Mit wildem Schaumkraut garnieren, falls welches zur Hand ist.

EDELOMELETT AUS DER SAUBERPFANNE

Die klassische Art, ein Omelett zuzubereiten, erfordert Geschick, Feingefühl und Konzentration. Und eine Pfanne in makellosem Zustand – sauber, glatt und gut eingebraten. Man hat es schon tausendmal sagen hören: Wer das kann, kann alles kochen. Draußen ist es noch schwieriger. Viel Glück!

ZUTATEN

ergibt 1 Portion

- geschmackgebende Zutaten wie Käse und/oder Schinken und/oder Pilze
- gegebenenfalls Butter zum Braten der Pilze
- 2–3 Eier (je nach Größe der Pfanne)
- Salz und gemahlener schwarzer Pfeffer nach Belieben
- 1 EL Wasser
- 1 EL Butter

ZUBEREITUNG

1. Die Hauptzutaten vorbereiten: Schinken würfeln, Käse reiben, Pilze putzen, in Scheiben schneiden und in etwas Butter leicht bräunen.

2. Die Eier leicht schlagen, dann nach Belieben würzen, das Wasser hinzugeben und alles verrühren.

3. Die Pfanne erhitzen, Butter hineingeben und erhitzen, bis sie schaumig wird.

4. Die Eimasse hineingießen. Sobald die Eier zu stocken anfangen, muss die Pfanne bewegt werden – zunächst wird sie im Kreis geschwenkt. Die geschmackgebende(n) Hauptzutat(en) in die Mitte des Omeletts geben. Nun die Pfanne eher linear vor- und zurückbewegen, wodurch das Omelett zusammenklappt. Der Trick besteht darin, sie permanent in Bewegung zu halten, bis das Omelett gar ist – was nur Sekunden dauert!

5. Das Omelett auf einen Teller gleiten lassen. Es soll fluffig sein und in der Mitte noch weich.

Tipp des Kochs

Zu viel Ei auf einmal führt zu einem langsam gegarten Omelett, was eine gummiartige Konsistenz zur Folge hat. Wer viele Omeletts zubereitet, verwendet daher eine Schöpfkelle, um die Eimasse portionsweise in die Pfanne zu geben, anstatt sie planlos und nach Gutdünken hineinzukippen.

VARIATIONEN

- Omeletts sind unglaublich variantenreiche Mahlzeiten und können mit allen möglichen Leckereien gefüllt werden, wie Meeresfrüchten, Schinkenstreifen oder gehackten frischen Kräutern. Manches sollte vorab gekocht oder gebraten werden, Schalen- und Krustentiere beispielsweise, und dann erst zu den Eiern gegeben werden.

EIER BENEDICT

Dieses klassische amerikanische Frühstücksgericht hat längst seinen Siegeszug um die Welt angetreten und bedarf keiner weiteren Einführung. In der Outdoor-Küche macht die Zubereitung einige Mühe, ist aber gut geeignet, um die Stimmung zu heben, einen Geburtstag oder einen anderen besonderen Anlass zu feiern. Sollte Ihre Sauce hollandaise zerfallen, rühren Sie einen Löffel kochendes Wasser hinein.

ZUTATEN

Ergibt 1 Portion

1 Toastmuffin (sog. *English Muffin* zum Toasten)
etwas Olivenöl, falls Schinkenspeck verwendet wird
2 Scheiben Schinkenspeck oder Schinken – von Serrano bis zu kanadischem Dosenschinken geht alles
2 pochierte Eier (siehe S. 132)
Sauce hollandaise (siehe S. 220)
gemahlener schwarzer Pfeffer

ZUBEREITUNG

1. Den Toastmuffin halbieren, an einem Stock über dem Feuer rösten oder in einer leicht geölten Pfanne bräunen und auf einen Teller legen.
2. Öl erhitzen und den Schinken oder Schinkenspeck in der Pfanne braten.
3. Auf die Toastmuffins zuerst den Schinken und dann die pochierten Eier legen.
4. Großzügig mit Sauce hollandaise übergießen. Mit einer Prise gemahlenem schwarzem Pfeffer abrunden.

VARIATIONEN

IRISH BENEDICT Den Schinken durch in Scheiben geschnittenes Corned Beef ersetzen.

EIER ROYALE Den Schinken durch geräucherten Lachs in Scheiben ersetzen.

BUSHCRAFT BENEDICT Den Schinken durch blanchierte Brennnesseltriebspitzen ersetzen.

KARTOFFEL-RÖSTI

Ein Gericht, das sich im Freien leicht zubereiten lässt. Seien Sie vorsichtig mit der Hitze und lassen Sie sich Zeit. Schmeckt köstlich zu Salat und Fleisch von der Grillplatte.

ZUTATEN

ergibt 4 Portionen

2 große Kartoffeln
1 Zwiebel (falls vorhanden)
1 Eigelb (falls vorhanden)
4 EL Olivenöl oder Butter
Salz und gemahlener schwarzer Pfeffer nach Belieben

ZUBEREITUNG

1. Die Kartoffeln und die Zwiebel schälen, die Kartoffeln grob reiben und die Zwiebel fein würfeln. Alles auspressen, um so viel Flüssigkeit wie möglich loszuwerden. In eine Schüssel geben und verrühren.
2. Gegebenenfalls das Eigelb einrühren, das die Zutaten binden hilft. Möglich ist hier auch die Verwendung von Eipulver, in wenig Wasser aufgelöst, oder die Zubereitung der Rösti einfach ganz ohne Ei.
3. Die Pfanne über mittlerer Hitze erwärmen und die Hälfte des Öls beziehungsweise der Butter hineingeben, bis es zischt und brutzelt.
4. Die Kartoffel-Zwiebel-Mischung hinzufügen, mit dem Rücken eines großen Löffels glattstreichen und zu einer flachen Scheibe zusammendrücken.
5. Auf kleiner Hitze langsam garen, ohne dass etwas anbrennt – ca. 15 Minuten oder bis die Unterseite goldbraun und die Rösti fest genug ist, um gewendet zu werden.
6. Die Pfanne mit einem Teller abdecken und beides zusammen wenden, sodass die Rösti auf dem Teller zu liegen kommt. Das restliche Öl beziehungsweise die Butter in die Pfanne geben und die Rösti zurück in die Pfanne gleiten lassen, um die andere Seite zu braten.
7. Wenn sie – nach ca. 10 Minuten – goldbraun ist, auf einen sauberen Teller oder ein Schneidebrett stürzen. Etwas abkühlen lassen, vierteln und servieren.

BANNOCK

Das Rezept ist im Grunde dasselbe wie für das australische Fladenbrot *Damper* (siehe S. 45–55) oder für Lagerfeuer-Stockbrot (siehe S. 68–69), doch Bannock wird entweder in der Bratpfanne am Feuer oder – auf einen Stock gesteckt – am Holzofen gebacken.

ZUTATEN

ergibt 1 Fladenbrot

250 g Mehl
2 TL Backpulver
1 TL Salz
2 EL Butter oder Pflanzenöl sowie etwas zum Einfetten
ca. 175 ml kaltes Wasser

ZUBEREITUNG

1. In einer Schüssel die trockenen Zutaten gut vermischen und die Butter beziehungsweise das Öl mit den Fingerspitzen einarbeiten.
2. Gerade so viel kaltes Wasser hinzugeben, dass ein trockener Teig entsteht.
3. Eine Bratpfanne leicht einfetten und über dem Feuer erhitzen.
4. Den Teig zu einer Kugel formen und in der Pfanne auf Daumenstärke plattdrücken.
5. Über mittlerer bis schwacher Hitze backen. Ich scharre dazu am Rand etwas Glut aus dem Feuer.
6. Während des Backens wird das Bannockbrot fest und lässt sich durch leichtes Schütteln vom Pfannenboden lösen, was das spätere Wenden erleichtert. Nun die Pfanne leicht kippen und am Rande des Feuers schräg zu den Flammen halten.
7. Bannock nach Bedarf wenden und drehen, bis es durchgebacken ist. Stäbchenprobe: Einen Holzspieß hineinstecken und wieder herausziehen – wenn kein Teig am Holz klebt, ist das Bannockbrot fertig.

VARIATIONEN

- Zwar empfiehlt sich gerade im Winter die Beigabe von Butter, Öl oder Schweineschmalz, aber wenn man keins hat, kann man Bannock auch komplett ohne Fett oder Öl zubereiten.
- Nach Lust und Laune können auch getrocknetes Fleisch, Käse oder Kräuter hinzugefügt werden.

SÜSSER BANNOCKFLADEN

Die süße Variante ist ein Dauerbrenner im Wildniscamp. Die Backmethode ist dieselbe wie beim herzhaften Bannock. Wenn der Teig geformt ist, einfach die Trockenfrüchte unterheben.

ZUTATEN:
250 g Mehl
125 g Milchpulver
2 TL Backpulver
2 TL Zucker
175 ml kaltes Wasser
75 g Trockenfrüchte

PANCAKES NACH PADDLER-ART

Wer sich in der britischen Küche ein wenig auskennt, wird erkennen, dass es sich bei meinen dicken Pfannkuchen um eine größere Version der traditionellen kleinen, dicken *Drop Scones* beziehungsweise *Scotch Pancakes* handelt. Die Größe spiegelt den Kalorienbedarf wider, den man decken muss, wenn man den ganzen Tag im Kanu sitzt und paddelt. Dieses einfache Blitzrezept eignet sich hervorragend fürs Frühstück, aber bloß, weil es leicht ist, heißt das nicht, dass man eine gute Organisation vermissen lassen darf. Ich war mal auf einer Tour, die von einem Guide betreut wurde, der das zwar professionell machte, aber sehr jung war. Nach der ersten Nacht sorgte er für Verzögerungen, weil er Mühe hatte, im Regen ein Feuer zu entfachen und dann am Ende Pancakes servierte, die außen wie Gummi und innen noch ganz roh waren und auf dem Teller im Regenwasser schwammen. War wohl nicht sein Tag und nicht die beste Art, das Vertrauen der Gruppe zu gewinnen!

ZUTATEN

Ergibt 2-4 Portionen

250 g mit Backpulver versetztes Mehl
4 EL Milchpulver
2 TL Backpulver
4 EL Eipulver
eine Prise Salz
4 EL Zucker
250 ml Wasser
2 EL Butter oder Öl
eine Handvoll Trockenfrüchte oder frische Beeren
Ahornsirup oder flüssiger Honig zum Beträufeln

ZUBEREITUNG

1. Das Mehl durchlüften, indem man in einer Schüssel mit einer Gabel Luft hineinrührt. Dann das Milchpulver, das Backpulver, das Eipulver, das Salz und den Zucker hinzugeben.
2. Das Wasser einrühren, bis ein Teig entsteht, der die Konsistenz von Schlagsahne mit sehr hohem Fettgehalt hat.
3. Die Bratpfanne oder das Grillblech bei mittlerer Hitze erwärmen, etwas Butter oder Öl dazugeben und mit einer Kelle die Teigmenge für einen Pfannkuchen mit 15 cm Durchmesser hineingeben.
4. Früchte oder Beeren auf den Pfannkuchen streuen.
5. Langsam braten, bis sich gleichmäßig Blasen an der Oberfläche bilden und zerplatzen. Dann mit einem Pfannenwender den Pfannkuchen wenden. Ähnlich lange die Rückseite braten.
6. Mit Ahornsirup oder flüssigem Honig beträufelt servieren.

DAS KOCHEN IN SIEDENDER FLÜSSIGKEIT

DIE VORSTELLUNG MUTET ZWAR SELTSAM AN, aber den überwiegenden Teil der Geschichte verbrachte die Menschheit ohne Kochtöpfe im engeren Sinne. Selbst in jüngerer Geschichte finden sich noch Beispiele dafür: Das, was wir landläufig als „Kochen“ bezeichnen – also das Garen in heißem Wasser – erfolgt hier mit Hilfe heißer Steine, im Feuer erhitzt und in Gefäße aus Rinde, Holz oder Tierhäuten gelegt, in denen sich die zu kochende Flüssigkeit befindet. War man unterwegs, musste man mit fragilen Birkenrindengefäßen sehr vorsichtig umgehen, besonders im Winter, wo sie sich kaum ersetzen ließen.

Von Frauen der kanadischen Ureinwohner heißt es, sie wühlten in Schneewehen, um nach den im Sommer zurückgelassenen Kochsteinen zu suchen. In Australien bereiteten vor Einführung des Kochtopfs einige Aborigine-Gemeinschaften überhaupt kein Essen durch Kochen zu. In Hokkaido erzählt man sich, dass früher der Tee in einem gefalteten Pestwurz-Blatt gekocht wurde. Die Tatsache, dass wir Menschen es so lange ohne Kochtopf aushielten, legt Zeugnis ab von der Zähigkeit, Geschicklichkeit und dem Einfallsreichtum unserer Urahnen. Die Beschäftigung mit den Fertigkeiten unserer Vorfahren hat mich die Werkzeuge von heute sehr zu schätzen gelehrt.

Heute nehmen wir einen simplen Kochtopf als selbstverständlich hin, und doch ist er das wohl wichtigste Outdoor-Kochutensil. In abgelegener Wildnis kommt ein einfacher Kochtopf einem großen Schatz gleich, denn wir können nach Belieben Wasser abkochen und haben somit sauberes, sicheres Trinkwasser. Mit heißem Wasser können wir Geschmack und Verdaulichkeit wild gesammelter Nahrung erhöhen, können Getränke kreieren, Brühen, Suppen und Soßen herstellen und natürlich Grundnahrungsmittel im Handumdrehen zubereiten.

Das Garen in kochendem Wasser hat den Vorteil, dass viele Nährstoffe erhalten bleiben und gleichzeitig kaum die Gefahr besteht, dass das Essen anbrennt. Aber glauben Sie ja nicht, es sei damit getan, einfach Zutaten in kochendes Wasser zu werfen. Auch für diese Garmethode braucht es Geschick und Know-how. Geht man falsch an die Sache heran, schmeckt das Essen fad oder ist zäh wie ein alter Gummireifen. Macht man alles richtig, ist es zart und saftig und entfaltet auf der Zunge ein ganzes Kaleidoskop intensiver Aromen.

MASALA CHAI – BLITZREZEPT

Kenner und Liebhaber von *Masala Chai* schlagen jetzt vor Grauen womöglich die Hände über dem Kopf zusammen, aber dieses schnell bereitete Getränk schmeckt recht gut und ist fürs Wandern mit leichtem Gepäck, wo Gewicht, Platz und Brennstoff begrenzt sind, geradezu prädestiniert. Anstelle von Kondensmilch kann Milchpulver verwendet werden. Auch *Masala Chai* wird in Pulverform angeboten, dem fehlt allerdings die Seele. Ich bevorzuge die Teebeutel-Methode, da hier ein Fünkchen von der Dramatik erhalten bleibt, mit der die Straßenverkäufer diesen Tee zubereiten, und man Süße und Milchanteil selber bestimmen kann.

ZUTATEN

125 ml Wasser pro Tasse/Person
200 ml Kondensmilch pro Tasse/Person
1 Masala-Chai-Teebeutel pro Tasse/Person
Zucker nach Belieben (wenn möglich Demerara-Zucker)

ZUBEREITUNG

1. Das Wasser, die Milch und die der Personenzahl entsprechenden Teebeutel in einen Topf geben. Man rechnet etwa 1 Tasse (250 ml) Flüssigkeit pro Person in einem Verhältnis von 3 Teilen Milch auf 2 Teile Wasser.
2. Die Teebeutel in der Flüssigkeit ein paar Minuten kochen, in Tassen füllen und je nach Geschmack mit Zucker süßen.

INGWERTEE

Ingwertee ist eine weitere erfrischende Alternative zu konventionellem Tee. Auch hilft er bei einer Magenverstimmung. Im Regenwald habe ich eine wirkmächtige Variante aus wildem Ingwer gebrüht. Ich mag dieses Getränk, wenn ich in den Tropen bin. Es hilft mir, mich zu akklimatisieren.

ZUTATEN

ein 2 cm großes Stück frische Ingwerwurzel pro Tasse/Person
250 ml Wasser pro Tasse/Person
1 TL Zitronensaft pro Tasse/Person
Honig nach Belieben

ZUBEREITUNG

1. Den Ingwer schälen und in schmale Scheiben schneiden, das Wasser 5 Minuten kochen.
2. Vom Feuer nehmen, den Zitronensaft hinzufügen, den Ingwer abseihen und den Tee servieren.
3. Je nach Geschmack mit Honig süßen.

KAFFEE

Mit das Schönste am Kochen sind die betörenden Aromen, die aus der Küche strömen, eine Verlockung, wenn man Hunger hat und eine Qual, wenn man satt ist. Wer kann schon dem aus der Pfanne aufsteigenden Wohlgeruch von Röstgemüse oder dem berauschenden Duft frisch gebackenen Brots widerstehen? Aber seien wir mal ehrlich – gibt es einen Geruch, der es mit dem von frisch gemahlenem Kaffee aufnehmen kann? Während ich dies schreibe, liegt vor mir ein kleiner Lederbeutel mit frisch gemahlenem Kaffee. Obwohl er verschlossen ist, verströmt er im ganzen Arbeitszimmer sein verführerisches Aroma – dunkel, kräftig, samtig. Nicht mehr lange, und ich kann nicht anders, als Wasser aufzusetzen und dieses bedrückend komplexe Kaleidoskop an Aromen, das diesen gemahlenen Bohnen innewohnt, herauszulassen.

Gerüche lösen Erinnerungen aus. Der Duft von Kaffee erinnert mich an gute Freunde und schöne Zeiten, aber da ist noch mehr. In den dunklen Tagen des Zweiten Weltkriegs unterhielt Großbritannien im besetzten Europa ein geheimes Sabotage-Netzwerk. Die Agenten, die sich darauf vorbereiteten, zu dessen Unterstützung per Fallschirm über dem besetzten Europa abzuspringen, wurden speziell zum Aroma von Kaffee geschult. Denn „guter Kaffee" war ein verräterisches Zeichen für Schwarzmarktschiebereien und damit für die Gefahr, in eine Razzia gegen illegale Geschäfte verwickelt zu werden. Selbst die bestgefälschten Ausweise würden den dann folgenden strengen Kontrollen nicht standhalten, daher wies man die Agenten an, sich von derlei Etablissements fernzuhalten. Wenn ich zur Kaffeetasse greife, denke ich oft an jene mutigen Menschen, die einsam gegen Tyrannei und Despotismus kämpften und oft selbstlos ihr Leben gaben, um die Freiheit zu verteidigen, in der ich jetzt meinen Kaffee trinke.

Draußen Kaffee kochen

Draußen Kaffee zu machen hat schon etwas von einem Ritual. Ein Blick in die Seiten eines Katalogs für Outdoor-Ausrüstung verrät uns jedoch schnell, dass es sich inzwischen zu einem recht komplexen Ritual ausgewachsen zu haben scheint. Da werden alle möglichen Perkolatoren und Kaffeefilter angeboten, die in die Wildnis geschleppt werden wollen – und oft doch nur einen relativ kurzen Trip vor sich haben, nämlich von der Produktionshalle zur Mülldeponie. Nun, ich will nicht sagen, dass sie alle ungeeignet sind – schließlich ist Kaffee eine sehr persönliche Sache. Nein, wirklich nicht. Was ich aber sagen will, ist Folgendes: Der Grund, warum wir überhaupt in die freie Natur ziehen, besteht ja wohl nur selten im Kaffeeaufbrühen. Also, halten wir doch einfach mal die Bälle flach und das Kaffeekochen einfach!

Je nachdem, wie ich reise, wende ich verschiedene Methoden an, die alle einen Kompromiss darstellen im Vergleich zur Kaffeezubereitung mit den Gerätschaften und der Spezialausrüstung eines modernen Barista. Und dennoch kann ich mir eine sehr gute Tasse Kaffee machen. Das Geheimnis, wenn es denn eins ist, besteht immer darin, ein Getränk zuzubereiten, das so gut schmeckt, wie der Kaffee gerochen hat.

KAFFEEBEUTEL UND KAFFEEPAD

Auf einer Tageswanderung oder auf Wildtierbeobachtung nehme ich gewöhnlich nur Feldbecher, Wasserflasche und Spiritus- oder Festbrennstoffkocher mit, und das reicht völlig aus. Da ich nur ein Gefäß habe, in dem ich koche und aus dem ich trinke, verwende ich entweder löslichen Kaffee in der Einzelportionsverpackung (bequem, bedarf aber keines weiteren Kommentars) oder besser noch einen an einen Teebeutel erinnernden Kaffeebeutel oder ein Kaffeepad. Der Beutel kommt ins kalte Wasser, und kurz bevor es kocht, nimmt man den Becher vom Feuer, lässt den Beutel ein paar Minuten ziehen, nimmt ihn heraus und fertig ist der Kaffee. Einfach, lecker, fertig! Manche mögen nun sagen, es wäre besser, das Wasser zuerst zu erhitzen und dann den Beutel hineinzugeben. Dagegen ist nichts einzuwenden, nur dass meine Methode schneller geht.

DRIP COFFEE BAG (MINIATURKAFFEEFILTER)

Wenn ich mit leichtem Gepäck unterwegs bin und entlang des Weges übernachte, verlasse ich mich auf einen kleinen Camping-Kocher – mit dabei ist dann stets ein Kochtopf, ein Wasserkessel sowie ein Trinkbecher. Unter solchen Umständen bevorzuge ich einen *Drip Coffee Bag* genannten Portionskaffeefilter. Die meisten sind befüllt mit hochwertigem gemahlenem Kaffee (kein Instantkaffee!). Ich fülle meine gerne auch selbst mit meinem Lieblingskaffee von Illy. Den Filterbeutel aus der Aromaschutzhülle entnehmen, oben aufreißen, die beiden Pappflügel ausklappen und auf die Tasse stecken. Dann heißes Wasser (knapp unter dem Siedepunkt) aufgießen, Filterbeutel an den Pappflügeln aus der Tasse heben und eine Tasse frisch gebrühten Filterkaffee genießen!

LAGERFEUERKAFFEE – KAFFEE AUF AUTOPILOT

Mein Lieblingskaffee draußen ist der, den ich über dem Lagerfeuer koche. Das Feuer verleiht dem Kaffee eine ganz eigene rauchige Note. Kaffeekenner und Feinschmecker werden bei dem Gedanken sicherlich die Stirn runzeln angesichts der Temperatur, bei der der Kaffee am Lagerfeuer gebrüht wird. Kaffeeexperten sind sich einig, dass die optimale Brühtemperatur für Kaffee bei ca. 96 °C liegt. Moderne Kaffeemaschinen regulieren dies automatisch. Ich kann Ihnen jedoch versichern, dass niemand mit dem Thermometer im Kaffeekessel am Feuer sitzen muss. Stattdessen tun wir das Unvorstellbare und kochen das Wasser. Ja, das mag den Kaffee verbrühen und ihn bitter werden lassen, aber wenn wir es vorsichtig angehen und den richtigen Kaffee nehmen, lassen sich die negativen Aspekte abmildern und wir können eine schöne Tasse Kaffee schlürfen.

Fürs Lagerfeuer braucht man den richtigen Kaffee. Bis vor Kurzem noch haben die Samen in Lappland, von jeher Kenner in Sachen Lagerfeuerkaffee, grüne Kaffeebohnen mit sich geführt. Sie wurden in einem Eisentopf geröstet und grob zerstoßen – in einem Mörser oder mit dem flachen Rücken einer Axt oder der Rückseite eines Leuku-Messers gegen einen Felsen. Heute ist das Leben in Skandinavien einfacher und man kann in den Supermärkten speziellen Kaffee zum Kochen kaufen. Das ist schlicht und einfach grob gemahlener Kaffee. Denn der widersteht der hohen Temperatur kochenden Wassers besser als fein gemahlener. Und den eigenen Lagerfeuerkaffee zu Hause selber zu mahlen, bevor man loszieht, dürfte auch kein Problem sein.

Könnten Sie mit mir und meinen Outdoor-Kumpels bei einem Mittagsstopp in der Wildnis dabei sein, würden Sie erleben, wie wir unseren Kaffee auf Autopilot zubereiten. Einer entzündet das Feuer, ein anderer bastelt die Stütze für den Topf. Der Kaffeetopf, der ausschließlich diesem Zweck dient, wird aus seiner rußigen Hülle geholt und mit klarem Wasser gefüllt. Eine ausreichende Menge Kaffee wird lose auf das Wasser geschüttet und schwimmt dort – umgerührt wird nicht! Der Kessel wird direkt über das Feuer gehängt, jedoch so hoch, dass die Hitze moderat ist. Der Moment, da der Siedepunkt erreicht ist, kündigt sich durch aufsteigende Blasen an. Es blubbert, und der Topfdeckel wackelt und klappert. Sofort wird die Kanne vom Feuer genommen, geschwenkt und daneben gestellt. Eile verspürt niemand und der Kessel wird auch nicht beobachtet, denn jeder weiß, ein Kessel, den man permanent im Auge hat, fängt nie zu kochen an. Nach ein paar Minuten schnappt sich jeder seine handgeschnitzte Tasse und wischt sie mit dem dadurch schon ganz speckigen Ärmel aus. Nun wird der Kaffee gleichmäßig in die dargereichten Tassen geschenkt. Ich behaupte nicht, dass jede Tasse immer völlig frei von Kaffeesatz ist, meistens aber schon. Wir sind da draußen in der freien Natur nicht pingelig, dazu ist das Leben zu kurz. Der ganze Vorgang läuft auf Autopilot, große Worte und viel Aufhebens werden nicht gemacht. Eine einfache Sache, bodenständig und unkompliziert, ohne fummelige Filter, mit denen man sich herumschlagen müsste, oder Kaffeezubereitungsapparate, die so überflüssig sind wie ein Kropf. Die Ungezwungenheit des Kaffeerituals wirkt sich positiv auf die Gespräche der Freunde aus. Wenn wir unser Pensum gut geschafft haben, die Zeit es zulässt und uns danach ist, hängen wir sogar den Kessel noch einmal übers Feuer und freuen uns auf eine zweite Tasse.

Handelt es sich um Fluss- oder Seewasser, sollte es vorab durch ein eng gewebtes Tuch oder einen Wasserfilter gegossen werden und anschließend 1 Minute lang sprudelnd kochen. Dann wird der Topf vom Feuer genommen und der Kaffee hineingegeben, diesmal aber mit einem passenden Stock umgerührt. Man lässt ihn ein paar Minuten in der Wärme neben dem Feuer oder sehr weit hoch übers Feuer gehängt ziehen, ohne dass er nochmals kocht. Nun nimmt man den Topf aus der Wärme, schwenkt ihn wie oben beschrieben und schenkt ein.

Die richtige Menge an gemahlenem Kaffee

Eine sehr persönliche Sache, die von den eigenen Vorlieben und der Mischung und Röstung des verwendeten Kaffees abhängt. Hier kommt die beste Ausrede der Welt, um Kaffee zu trinken: Gehen Sie raus, probieren und experimentieren Sie! Zu Beginn kann man von ca. 2 EL gemahlenem Kaffee pro Tasse ausgehen. Ich möchte aber wissen, wie viel ich für den jeweiligen Topf, den ich benutze, nehmen muss. Mit der Zeit bekommt man ein Gefühl dafür, dann genügt Augenmaß. Zu stark gebrühter Kaffee lässt sich immer noch nach Bedarf mit Wasser verdünnen, einen Aufguss hingegen mit mehr gemahlenem Kaffee stärker machen zu wollen, verdirbt ihn nur.

Den Kaffeesatz dazu bringen, dass er sich absetzt

Meine bevorzugte Methode ist, den Topf auf Armeslänge zwei- bis dreimal im Kreis zu schwenken, damit sich die Flüssigkeit wie bei einer Zentrifuge im Kreis dreht und der Kaffeesatz sich am Topfboden sammelt. Einen Moment zur Ruhe kommen lassen und dann vorsichtig in Tassen gießen. Eine sehr wirksame Methode, aber der Bügelhenkel muss stabil genug sein, denn das letzte, was man möchte, ist, alle mit kochend heißem Kaffeesatz zu überschütten oder den Kaffeetopf in den Orbit davonfliegen zu sehen. Alternativ kann man mit einem Stock an die Seite des Topfes klopfen. Durch die daraus resultierende Bewegung des Wassers setzt sich der Satz am Topfboden ab.

Eine weitere beliebte Methode ist, dem aufgebrühten Kaffee einen Schuss klares kaltes Wasser oder ein Klümpchen (1 EL) frischen Schnee zuzusetzen. Durch die Kälte setzt sich ebenfalls der Kaffeesatz ab.

Der Kaffee-Perkolator

In der Feldküche am festen Lagerplatz verwende ich sehr gerne eine Kaffeekanne mit Perkolatoreinsatz. Das Wasser steigt unter Wärmeeinwirkung im Steigrohr nach oben und tröpfelt dort auf das in einem runden Metallfilter befindliche Kaffeepulver. Durch das durchsichtige Fenster im Deckel kann man dem Kaffee beim Blubbern zuschauen.

Milch und Zucker

Unterwegs in der Natur trinke ich meinen Kaffee am liebsten schwarz und ohne Zucker, aber das soll jeder für sich entscheiden und entsprechende Vorkehrungen treffen.

HEISSE SCHOKOLADE – DAS GETRÄNK DER GÖTTER

Auf einer Expedition gibt es Momente, da kein anderes Getränk das bewirkt, was heiße Schokolade vermag. Sie ist der ultimative Stimmungsaufheller. Und je besser sie ist, desto größer ist der Wohlfühlfaktor, der von ihr ausgeht.

Es gibt diverse Möglichkeiten, heiße Schokolade zu transportieren, von den Blöcken und Riegeln, die zu 100 % aus purem Kakao bestehen, unglaublich bitter sind und viel Geschick erfordern, wenn man daraus ein schmackhaftes Getränk zaubern will, bis zu allen möglichen Pulvern und portionsweise verpackten Tütchen, die zum Teil bereits Zucker und Milch enthalten. Letztere bieten eine bequeme Lösung und lassen sich auf dem minimalistischen Trekking-Kocher schnell zubereiten, aber verglichen mit echter Trinkschokolade ist so etwas doch nur ein fader Abklatsch.

Echte Trinkschokolade

Man geht davon aus, dass Schokolade seit mindestens 500 v. u. Z. getrunken wird, vielleicht sogar noch länger. Ursprünglich ergab das Rezept der Mayas einen bitteren, kalten, mit Gewürzen versetzten Trunk – weit entfernt von dem wohltuenden Getränk, das wir heute kennen. Erst die Kombination mit Milch trieb seine Popularität Ende des 17. Jahrhunderts in die Höhe. Während einer Expedition nach Jamaica im Jahre 1687 beobachtete Sir Hans Sloane, dass die Einheimischen Kakao mit Wasser tranken. Das schmecke scheußlich, meinte er, nahm Milch und gilt daher als Erfinder der modernen Schokoladenmilch.

Für die richtige, echte Trinkschokolade braucht man puren, 100-prozentigen Kakao, der in Form von Pulver, Raspeln oder Bohnen angeboten wird, oder, was mir am liebsten ist, in feste Tafeln oder Riegel gegossen. Diese muss man zwar reiben, aber sie nehmen aufgrund der hohen Kompression am wenigsten Platz ein, können nicht versehentlich verschüttet werden und – auf Expedition ein wunder Punkt – widerstehen am besten dem unersättlich naschenden Löffel, diesem alten Gierschlund.

TRINKSCHOKOLADE

Diese Zubereitungsmethode ist schnell, effizient und läuft ohne große Schweinerei ab. Zur Abwechslung kann man Gewürze wie Orangenschale oder Chili hinzugeben. Am Abend eines langen Paddeltags hilft ein Schuss Rum im Kakao, die Muskeln zu entspannen, und sorgt für erholsamen Schlaf.

ZUTATEN

Schokolade mit einem Kakaoanteil von 100 %
Wasser
Milch nach Belieben
Zucker nach Belieben

ZUBEREITUNG

1. Eine ausreichende Menge Schokolade nach eigenem Gusto raspeln. Zur Wassermenge: Man rechnet mit 100 ml Wasser für 2 Tassen Kakao beziehungsweise 200 ml Wasser für 4 Tassen Kakao.
2. Das Wasser zum Kochen bringen, die geraspelte Schokolade hinzufügen und nach dem Schmelzen zu einer glatten Masse rühren.
3. Noch während des Rührens Milch nach Belieben hinzufügen, zum Köcheln bringen, abschmecken und je nach Gusto Zucker zugeben. Wenn möglich, vor dem Servieren mit Quirl oder Schneebesen leicht aufschlagen beziehungsweise Luft einquirlen.

VARIATION

Milchpulver ist auch eine Möglichkeit. Man vermengt es mit der geraspelten Schokolade, ehe das Wasser hinzukommt. Wenn keine Milch zur Hand ist, lässt man sie eben ganz weg, das geht auch.

REIS

Die Samen der Grasart *Oryza sativa* sind das meistverzehrte Grundnahrungsmittel der Welt und liefern täglich ein Fünftel der von der Menschheit verbrauchten Kalorien. Besser bekannt ist diese Wundernahrung unter dem Namen Reis. Man vermutet, dass Reis bereits vor über 10.000 Jahren erstmals kultiviert wurde.

Reis eignet sich hervorragend als Nahrungsmittel auf Reisen: Er lässt sich gut verpacken und liefert eine gute Energieausbeute, ist außerdem schmackhaft, leicht zu kochen, als Beilage vielseitig und passt zu einer Vielzahl von Zutaten und Gerichten. Hinsichtlich des Brennstoffbedarfs spielt Reis allerdings in der kostenintensiven Liga, weshalb die bessere Wahl für Rucksackreisende mit leichtem Trekking-Kocher wohl eher Schnellkochreis im Kochbeutel ist.

Reis enthält zwei Arten von Stärke, Amylose und Amylopektin. Die Reissorten, die reich an Amylose sind, werden beim Kochen locker und fluffig, während stark Amylopektin-haltiger Reis gehörig klebt. Die Auswahl des richtigen Reises für das gewünschte Gericht spielt also eine wesentliche Rolle, oder, wie es bei Reisen in abgelegene Gebiete wohl eher der Fall sein wird, die Auswahl des geeigneten Gerichts für den vorhandenen Reis.

KEINE KÜHLMÖGLICHKEIT? EIN PAAR WORTE ZUR SICHERHEIT

Reis sollte immer frisch gekocht und unverzüglich verzehrt werden. In Reis tritt oft ein grampositives Bakterium auf, das normalerweise in Erde und Staub vorkommt, *Bacillus cereus* – ein Bakterium, das schädliche Toxine bildet, die ernsthaft krank machen können. Beim Kochen wird zwar das Bakterium zerstört, nicht aber seine viel widerstandsfähigeren Sporen. Diese fangen bei Temperaturen zwischen 10 °C und 50 °C auf dem gekochten Reis zu wachsen an und bilden Erbrechen sowie Durchfall hervorrufende Toxine. Draußen in der Wildnis steht uns der Luxus geeigneter Kühlung nicht zur Verfügung, daher sollte zeitlich so geplant werden, dass der Reis innerhalb von 20 Minuten, nachdem er fertig ist, heiß serviert wird. Was übrig bleibt, ist wegzuwerfen. Dieses Bakterium beschränkt sich jedoch nicht nur auf Reis, es wächst auch auf warmen Nudeln, Kartoffeln, Fleisch, Suppen und Soßen. Die Devise beim Draußenkochen lautet: kochen, essen, Reste wegwerfen.

Reis fällt in drei Kategorien:

1. Langkornreis – amerikanischer Langkornreis weiß und braun, Jasmin-Reis, Basmati-Reis weiß und als Vollkorn-Variante. Eignet sich für Gerichte, die nach lockerem, körnigem Reis verlangen. In diese Kategorie gehört auch der sogenannte Wildreis, der botanisch gesehen jedoch überhaupt kein Reis ist, sondern mit *Zizania palustris* und *Zizania aquatica* der Gattung Wasserreis angehört.
2. Mittelkornreis – japanischer Sushireis, spanischer Bomba-Reis. Ist eher kurz und rundlich. Bomba-Reis absorbiert Flüssigkeit gut, behält dabei aber seine Festigkeit, sodass er auch gekocht immer noch locker und körnig ist. Das macht ihn zur perfekten Wahl für Paella, weshalb er oft auch einfach nur Paella-Reis genannt wird.
3. Rundkornreis – diese Reissorten bekommen beim Kochen eine cremige, sämige Textur, die Körner werden weich. Bei Klebreis aus Thailand ist der Name Programm. In Italien wird Arborio-Reis bevorzugt bei Risotto-Rezepten verwendet, auch für manche Varietäten aus Valencia trifft das zu. Dass auch Milchreis in diese Gruppe zählt, dürfte kaum überraschen.

GEMÜSE

Gemüse in Wasser zu kochen ist bequem und praktisch. Bei einem Kocher mit begrenztem Brennstoffvorrat wird Gemüse in kleinere Stücke geschnitten, um schneller zu garen. Bei Gerichten mit verschiedenen Gemüsesorten werden die härteren, die länger brauchen, zuerst gekocht.

Während es Wurzelgemüse im Großen und Ganzen nicht übelnimmt, länger gekocht zu werden, geht Zarteres doch leicht dabei kaputt, verliert an Farbe, Textur und Nährstoffgehalt. Niemals über den Punkt hinaus garen lassen, an dem das Gemüse gerade so nicht mehr hart ist. Und sofort abgießen, damit es nicht weiter gart und damit zerkocht.

PERFEKTE PASTA, NUDELN & CO.

Teigwaren eignen sich perfekt für die Outdoor-Küche – was auf die Produkte aus dem Frischeregal allerdings nicht zutrifft, da sie sich nicht lange halten und Kühlung erfordern. Getrocknete Nudeln sind hingegen ideal, sie schmecken, sind leicht im Gewicht, einfach zu kochen und halten sich ewig. Man kann sie nach Packmaß auswählen: Spaghetti nehmen beispielsweise viel weniger Raum ein als Muschel- oder Röhrenformen.

PASTA RICHTIG KOCHEN

1. Eine große Menge reichlich gesalzenes Wasser sprudelnd kochen.
2. Teigwaren hineingeben und gerade am Anfang häufig umrühren, damit nichts aneinanderklebt.
3. Ca. 10 Minuten (oder nach Packungsanweisung) kochen. Sobald sie al dente sind – weich, aber dennoch leicht bissfest – vom Feuer nehmen und abgießen.
4. Sofern eine Soße dazu gereicht wird, kein Öl hinzugeben, da es verhindert, dass die Soße an den Nudeln haftet. Werden sie hingegen ohne Soße serviert, schwenkt man die Pasta in etwas gutem Olivenöl, damit nichts aneinanderklebt.

FLEISCH UND FISCH

Das Kochen beziehungsweise Pochieren eignet sich gut für empfindliche Speisen wie Fisch, weißes Fleisch sowie Meeresfrüchte. Bei dieser Garmethode zerkochen derart proteinreiche Speisen kaum, trocknen nicht aus und bleiben für gewöhnlich zart. Gut geeignet auch, um junge Leute an die Kunst des Fleischgarens heranzuführen. Die einfachste Variante ist das Kochen in Wasser, aber mit etwas Phantasie lässt es sich durch Zugabe von Brühe, Kräutern und Wein auch noch aufpeppen.

HÜHNERBRUST POCHIEREN

Hühnerbrust lässt sich prima dünsten, was jedoch nur selten geschieht. Das Fleisch kann, damit es schneller gart, in Würfel oder Streifen geschnitten oder auch im Ganzen gekocht werden, was mir persönlich lieber ist. Die Brüstchen können auch nach dem Dünsten in Scheiben geschnitten und zu einer separat gekochten Soße gegeben, oder aber in Stücke zerrupft und einem Salat beigefügt werden. In modernen Restaurants wurde mit diesem Konzept eine neue Dimension des Vakuum- beziehungsweise Sous-vide-Garens eingeläutet, bei dem die Wassertemperatur stets in gewünschter Höhe gehalten wird. Doch ganz offensichtlich ist das in der Camp-Küche keine Option.

1. Um Hühnerbrüstchen im Ganzen zu dünsten, wird das Huhn enthäutet, entbeint und locker in einen ausreichend großen Topf gelegt.
2. Reichlich mit Wasser beziehungsweise dem gewünschten Sud bedecken.
3. Zum Kochen bringen und abgedeckt auf sehr kleiner Flamme köcheln, bis alles gar ist. Die Garzeit variiert je nach Fleisch- und Sudmenge sowie Umgebungstemperatur.

FISCH POCHIEREN

Für zarten Fisch ist diese Garmethode hervorragend geeignet.

1. Zunächst den Sud vorbereiten - entweder nur Wasser oder Wasser versetzt mit einer fein gehackten Schalotte, in feine Streifen geschnittener Karotte, fein gewürfeltem Sellerie, einem Thymianzweig und zwei Nelken.
2. Den Sud zum leichten Köcheln bringen und etwas Säure hinzugeben - Zitronensaft, Wein oder auch Weißweinessig.
3. Das Fischfilet - Forellenfilet beispielsweise - vorsichtig mit der Hautseite nach unten in den Sud legen. Das Garen dauert nur ein paar Minuten, bis das Fleisch hell ist und leicht zerfällt, wenn man mit der Spitze des Messers hineinsticht.
4. Sehr vorsichtig einen Bratenwender unter das Filet schieben und damit auf einen Teller heben.
5. Teile der Gemüseeinlage können mit einem Schaumlöffel aus dem Sud gehoben und als einfache Garnierung über dem Fisch verteilt werden.

oben: Hecht filetiert – hier muss ein Paddel als Schneidebrett herhalten

EIER

Eier und wie man sie pochiert oder kocht – ich weiß gar nicht mehr, wie oft ich schon Frühstücksdebatten um diese Themen kreisen hörte. Wie es scheint, hat jeder eine eigene Methode oder zumindest eine eigene Meinung. Das Geheimnis, wenn es überhaupt eins gibt, liegt im Wissen, dass ein Ei aus drei verschiedenen Proteinen besteht: 1. dem Dotter oder Eigelb, um das herum sich 2. das dickflüssige, gallertartige Eiklar anschließt und darum 3. das äußere, dünnflüssige Eiklar. Jede dieser Schichten enthält Eiweiß in unterschiedlichen Anteilen und stockt daher bei unterschiedlichen Temperaturen: das innere, dicke Eiklar bei 60 °C, das Eigelb bei 65 °C und das äußere, dünne Eiklar bei 70 °C. Daraus folgt, dass, um ein Ei mit flüssigem Eigelb zu kochen, es schlagartig großer Hitze ausgesetzt werden muss, damit die äußere Schicht fest wird, ehe die Stockungstemperatur im Innern erreicht ist. Anders beim hartgekochten Ei: Um ein Ei hart zu kochen, kann man es zwar genauso ins bereits kochende Wasser geben, nur muss es dann länger kochen. Alternativ legt man das Ei ins kalte Wasser und bringt es mit dem Wasser gemeinsam zum Kochen. Die Kochzeit selbst verkürzt sich dann auf ca. 7 Minuten.

SO GELINGT EIN WEICHGEKOCHTES EI

Hier also mein persönlicher Beitrag zur zeitlosen Debatte, wie man das perfekte weichgekochte Ei hinbekommt.

1. Einen großen Topf Wasser zum Kochen bringen. Derweil die Eier an einen warmen Ort legen, damit sie auf Körpertemperatur kommen.
2. Die Eier in das sprudelnd kochende Wasser legen und so lange kochen, bis die gewünschte Festigkeit erreicht ist (siehe Tabelle).
3. Nach Ablauf der Kochzeit die Eier mit einem Schaumlöffel herausheben und kurz in kaltem Wasser abschrecken, um ein Weiterkochen zu verhindern.
4. Das Wasser erst wieder sprudelnd aufkochen, ehe die nächste Ladung Eier an die Reihe kommt.

Zu beachten:

- Eine große Menge Wasser behält die Temperatur länger bei als eine kleine.
- Die Zeiten sind den tatsächlichen Umständen anzupassen, also der Größe der Eier und den Umgebungsbedingungen.
- In größerer Höhenlage beginnt Wasser bei niedrigerer Temperatur zu kochen und Eier kochen langsamer, brauchen also länger.

Kochzeiten für Eier

MINUTEN IN KOCHENDEM WASSER	FESTIGKEIT DES EIGELBS
4	sehr flüssig
5	dickflüssig
6	in der Mitte noch leicht flüssig
7	wachsweich, cremig, „pflaumenweich“/ „flaumweich“
8	in der Mitte noch leicht weich
9	fest
10	hartgekocht

Mit dieser Tabelle rückt das perfekt gekochte Ei in greifbare Nähe.

KARTOFFELSUPPE

Eine wunderbar rustikale und sättigende Suppe, die besonders an einem kühlen Tag etwas Behagliches an sich hat. Der Zauber dieser Suppe liegt darin, wie einfach und schnell sie sich zubereiten lässt. Außerdem ist es nicht nur für sich genommen eine tolle Suppe, sie lässt sich durch Zugabe von allerlei Zutaten wie Pilzen, Kochwurst, Fisch etc. auch noch abwandeln und variieren.

ZUTATEN

ergibt 6 Portionen

- 1 große Zwiebel
- 3 Staudensellerie-Stangen
- 2 große Kartoffeln
- 2 EL Olivenöl
- 1 EL frische Thymianblätter oder 1 TL getrockneter Thymian
- 1 Liter Gemüsefond (siehe S. 215) sowie bei Bedarf weitere Brühe zum Verdünnen
- Salz und gemahlener schwarzer Pfeffer
- frische Petersilie, gehackt, zum Garnieren (falls vorhanden)

ZUBEREITUNG

1. Die Zwiebel schälen und fein würfeln, den Sellerie und die Kartoffeln ebenso.
2. Öl in einem tiefen Topf bei mittlerer Hitze erwärmen, Zwiebel- und Selleriewürfel zugeben und ca. 15 Minuten dünsten, bis sie weich und glasig sind.
3. Die Kartoffelwürfel und den Thymian zugeben und mit der Gemüsebrühe auffüllen. Zum Köcheln bringen und zugedeckt 30 Minuten auf kleiner Flamme köcheln.
4. Mit dem Schneebesen oder Quirl pürieren und mit Fond verdünnen, falls die Suppe zu dick ist. Mit Salz und Pfeffer abschmecken.
5. Falls vorhanden, mit frisch gehackter Petersilie garniert servieren.

KAROTTENSUPPE

Karotten sind etwas Wunderbares und passen hervorragend zu Kokosmilch. Letztere ist natürlich auch eine wichtige Zutat für Thai Currys – es lohnt also immer, welche im Lager zu haben.

ZUTATEN

ergibt 6 Portionen

1 mittelgroße Zwiebel
2 Knoblauchzehen
2 Staudensellerie-Stangen
4 große Karotten
2 EL Olivenöl
4 EL fein geraspelte frische Ingwerwurzel
1 Liter Gemüsefond (siehe S. 215)
250 ml Kokosmilch
Saft und abgeriebene Schale von 2 Limetten
Salz und gemahlener schwarzer Pfeffer nach Belieben

ZUBEREITUNG

1. Die Zwiebel und den Knoblauch schälen und sehr fein würfeln. Die Selleriestangen ebenfalls sehr fein würfeln.
2. Die Karotten schälen, mit dem Schäler in dünne Bänder hobeln und diese kreuz und quer hacken, bis die Karottenschnitze sehr fein sind.
3. Das Öl erhitzen, Zwiebeln und Sellerie zugeben und ca. 15 Minuten anschwitzen, bis alles goldbraun ist.
4. Karotten und Knoblauch hinzufügen und weitere 5 Minuten dünsten.
5. Den geraspelten Ingwer und die Brühe zugeben.
6. 20 Minuten köcheln und dann pürieren, so gut es mit einem Schneebesen oder Kartoffelstampfer eben geht. Ist nicht weiter schlimm, wenn dies nicht gelingt und die Suppe stückig bleibt.
7. Die Suppe mit Kokosmilch nach Belieben andicken.
8. Zum Schluss Saft und abgeriebene Schale der Limetten hinzugeben und mit Salz und Pfeffer abschmecken.

Tipp des Kochs
Um den Geschmack der frischen Zutaten nicht zu überdecken, wählt man einen schwachen, dünnen Fond. Ich verwende bei diesem Rezept immer nur schwach gesalzene Brühe.

NAKKISOPPA – FINNISCHE WÜRSTCHENSUPPE

Die einfachste aller Suppen, die auch noch am schnellsten von allen gekocht ist. Sehr sättigend. Und schmeckt! Ein tolles Gericht, wenn man für eine ganze Gruppe kochen muss. Beim Servieren etwas Käse und Crackerbread, Knäckebrot, Knusperbrot oder dergleichen dazu reichen.

ZUTATEN

ergibt 8 Portionen

2 mittelgroße Kartoffeln
1 Zwiebel
1 Karotte
1 Staudensellerie-Stange
1 Pastinake
½ Steckrübe
1 Liter Gemüsefond (siehe S. 215) oder Rinderfond (siehe S. 218)
1 Lorbeerblatt
4 schwarze Pfefferkörner
1 Sternanis
6 Brühwürstchen (Wiener Würstchen o. Ä.)
Salz und gemahlener schwarzer Pfeffer nach Belieben

ZUBEREITUNG

1. Das Gemüse, sofern erforderlich, schälen und in 2 cm große Stücke schneiden.
2. Den Fond zum Köcheln bringen und das Lorbeerblatt, die Pfefferkörner, den Sternanis und alles kleingeschnittene Gemüse hineingeben.
3. Kochen, bis das Gemüse gar ist, aber noch nicht allzu weich.
4. Die Würstchen in 2 cm lange Stücke schneiden und zur Suppe geben. Den Topf vom Feuer nehmen oder – bei kaltem Wetter – auf kleiner Flamme belassen.
5. Zudecken und 5 Minuten ruhen lassen, dann mit Salz und Pfeffer abschmecken und servieren.

HÜHNERNUDELSUPPE

Schmackhaft und sättigend – ein Dauerbrenner, bei dem fast immer alle einen Nachschlag verlangen. Nicht zu viele Nudeln nehmen, denn sie quellen mehr auf, als man erwartet.

ZUTATEN

ergibt 6 Portionen

2–3 Hühnerbrüste
1 Liter Hühnerfond (siehe S. 217)
2 mittelgroße Zwiebeln
3 große Karotten
3 Staudensellerie-Stangen
3 Knoblauchzehen
2 EL Olivenöl
1 Thymianzweig
3 Lorbeerblätter
200 ml Wein (falls vorhanden)
eine Handvoll Blattgemüse wie Spinat oder eine essbare wild wachsende Alternative
1 TL Honig (falls vorhanden)
Eiernudeln, vorzugsweise Vollkorn-Suppennudeln
Salz und gemahlener schwarzer Pfeffer nach Belieben

ZUBEREITUNG

1. Die Hühnerbrüste behutsam in der Hälfte des Hühnerfonds pochieren – 20 Minuten lang beziehungsweise bis sie weich sind.
2. In der Zwischenzeit die Zwiebeln und die Karotten schälen und würfeln und auch den Sellerie würfeln. Den Knoblauch schälen und fein hacken.
3. Das Öl erhitzen, dann die Zwiebeln und den Sellerie hinzugeben und ca. 15 Minuten anschwitzen, bis sie glasig sind.
4. Die Karotten, den Knoblauch, den Thymian und die Lorbeerblätter dazugeben und weitere 5 Minuten dünsten.
5. Den Wein hinzufügen, sofern welcher verwendet wird, dann mit der restlichen Hälfte des Fonds auffüllen und zum Köcheln bringen.
6. Die Hühnerbrüste aus dem Fond nehmen und diesen beiseitestellen.
7. Die Hühnerbrüste mit zwei Gabeln zerrupfen und zum Gemüse geben, dann auch den beiseite gestellten Fond zur Suppe geben und wieder zum Köcheln bringen.
8. Das Blattgemüse grob hacken und in die Suppe geben.
9. Die Suppe abschmecken. Falls sie bitter schmeckt, etwas Honig hinzugeben.
10. Zum Schluss die Nudeln je nach Sorte zerkleinern beziehungsweise halbieren und zur Suppe geben. Vom Feuer nehmen und ziehen lassen. Nach ca. 5 Minuten sind die Nudeln weich.

HERZHAFT-WÜRZIGE TOMATENSUPPE

Das Rezept meiner Mutter – eine absolut köstliche Suppe. Sollten die Tomaten bitter sein, kann man etwas nachsüßen. Dazu frisches, knuspriges Brot reichen.

ZUTATEN

ergibt 6 Portionen

1 mittelgroße Zwiebel
1 mittelgroße Porreestange
1 Staudensellerie-Stange
1 kleine Karotte
1 frische Chilischote
2 EL Olivenöl
2 EL Tomatenmark
1 TL Paprikapulver
1 TL Zucker (falls vorhanden)
400 g Tomaten aus der Dose oder 6 frische Tomaten, in Stücke geschnitten
1 Liter Hühnerfond (siehe S. 217)
Salz und gemahlener schwarzer Pfeffer nach Belieben

ZUBEREITUNG

1. Die Zwiebel, den Porree, den Sellerie und die Karotte schälen (sofern erforderlich) und sehr klein schneiden, die Chilischote entkernen und fein hacken.
2. Das Öl in einem großen Topf erhitzen, die Zwiebelwürfel hinzufügen und unter gelegentlichem Umrühren 5–10 Minuten anschwitzen, bis sie weich, aber noch nicht gebräunt sind.
3. Die Karotte, den Porree und den Sellerie hinzugeben und weitere 5–10 Minuten dünsten.
4. Das Tomatenmark einrühren, dann das Paprikapulver, die Chili, den Zucker (sofern verwendet), die Tomaten, die Brühe und die Gewürze hinzufügen.
5. 40 Minuten sanft köcheln lassen, dann abschmecken und gegebenenfalls nachwürzen, wenn nötig auch mit etwas mehr Zucker.

PILZSUPPE

In dieser rustikalen Suppe verbindet sich eine schmackhaft-würzige Pilzbrühe mit Béchamelsoße. Diese wird durch Verrühren einer Mehlschwitze mit etwas Milch hergestellt und ist als Grundlage sehr vieler Rezepte unglaublich nützlich. Eine weiße Grundsoße (Sauce velouté) wird genauso hergestellt, nur dass statt Milch ein Fond verwendet wird.

ZUTATEN

ergibt 6 Portionen

2 Schalotten
1 Knoblauchzehe
250 g Pilze
500 ml Hühnerfond (siehe S. 217), Gemüsefond (siehe S. 215) oder Pilzfond (siehe S. 215)
2 EL Olivenöl
1 Lorbeerblatt
1 Thymianzweig
2 EL Butter oder Olivenöl
2 EL Mehl
500 ml Milch
Salz und Pfeffer

ZUBEREITUNG

1. Die Schalotten und den Knoblauch schälen und sehr fein hacken. Die Pilze putzen und in feine Scheiben schneiden.

2. Den Fond bereiten. Um den zarten Pilzgeschmack nicht zu überlagern, sollte die Brühe schwächer als üblich ausfallen.

3. Das Öl erhitzen, die Schalotten und den Knoblauch zugeben und ca. 10 Minuten glasig schwitzen.

4. Das Lorbeerblatt, den Thymianzweig und die Pilze mit einer Prise Salz und etwas Pfeffer hinzufügen und andünsten, bis die Pilze Farbe annehmen. Dabei geben sie Feuchtigkeit ab. Weiter schmoren lassen, bis diese größtenteils eingedampft ist.

5. Mit dem Fond aufgießen und zum Köcheln bringen.

6. Um die Suppe zu binden und ihr etwas Fülle und Körper zu verleihen, wird in einem separaten Topf aus der Butter beziehungsweise dem Öl und dem Mehl eine Mehlschwitze bereitet. Das Mehl so lange anschwitzen, bis es ein nussiges Aroma entwickelt. Es darf allerdings nicht bräunen beziehungsweise dunkel werden.

7. Die Milch vorsichtig mit dem Schneebesen in die Mehlschwitze quirlen, bis eine glatte Soße entsteht.

8. Um die beiden halbfertigen Suppenteile zusammenzuführen, ein Drittel der Pilzreduktion tassenweise zur Béchamelsoße geben und das Ganze mit dem Schneebesen glattrühren, dann diese nunmehr verdünnte Béchamelsoße zum Pilzfond geben. Soll die Suppe weiter verdünnt werden, je nach Geschmack etwas mehr Brühe oder Milch hinzugeben.

9. Weitere 5–10 Minuten kochen, dann mit Salz und Pfeffer abschmecken und servieren.

VARIATIONEN

- In Schritt 5 ein paar getrocknete und sehr fein gehackte Wildpilze mit in den Topf geben.
- Am Ende von Schritt 4 eine Tasse Weißwein hinzufügen und zur Hälfte einkochen lassen.

MANHATTAN CLAM CHOWDER

Diese sämige Muschelsuppe ist meine Lieblingssuppe, wenn ich am Meer bin, und selbst ohne Venusmuscheln kann sie als eigenständige Fischsuppe bestehen. Praktisch jeder Fisch ist hier verwendbar, was bedeutet, dass Naturfreunde, die in der Gruppe an der Küste oder per Schiff beziehungsweise Boot unterwegs sind, an dieser Suppe schlicht und einfach nicht vorbeikommen.

ZUTATEN

ergibt 8 Portionen

1 Zwiebel
1 Karotte
1 Staudensellerie-Stange
1 Porreestange
1 Knoblauchzehe
2 Kartoffeln
2–3 dünne Scheiben Schinkenspeck
1 EL Olivenöl
2 EL Tomatenmark
1 Thymianzweig
1 Lorbeerblatt
400 g Tomatenstücke aus der Dose oder 4 große Tomaten, in Stücke geschnitten
500 ml Fischfond (siehe S. 216)
1 kg Venusmuscheln
1 Spritzer Worcestershire-Sauce
Salz und gemahlener schwarzer Pfeffer nach Belieben
Petersilienblätter zum Garnieren
Cracker zum Servieren

ZUBEREITUNG

1. Die Zwiebel, die Karotte, den Sellerie, den Porree und den Knoblauch schälen (sofern erforderlich) und in Würfel schneiden. Die Kartoffeln vierteln, den Schinkenspeck ebenfalls würfeln.
2. Das Öl erhitzen, dann den Schinkenspeck hinzugeben und bei mittlerer Hitze bräunen.
3. Die Zwiebel, die Karotte, den Sellerie und den Porree hinzufügen und ca. 15 Minuten anschwitzen, bis die Zwiebel glasig ist.
4. Den Knoblauch und das Tomatenmark, den Thymian und das Lorbeerblatt hinzugeben und 2 Minuten andünsten. Dann den Sud, in dem die Venusmuscheln gekocht wurden, sowie die Tomaten, den Fischfond und die Kartoffeln hinzufügen.
5. Nur leicht aufkochen und köcheln lassen, bis die Kartoffeln gar sind.
6. Mit Salz und Pfeffer abschmecken und mit einem kräftigen Spritzer Worcestershire-Sauce abrunden, dann die Venusmuscheln hineingeben und 5 Minuten kochen.
7. Nochmals abschmecken, mit Petersilie garnieren und Cracker dazu reichen.

EINFACHER WEISSER REIS OHNE ALLES

Einfach und schnell gekocht, ist weißer, also geschälter Reis eine leckere Beilage für stark Gewürztes und Scharfes und eine Alternative zu Kartoffeln als Beilage zu vielen soßenbasierten Gerichten. Zum Reiskochen nimmt man, sofern möglich, am besten einen breiten Topf mit einem fest schließenden Deckel. Das folgende Rezept ist für 4 Personen, kann aber entsprechend hoch- oder heruntergerechnet werden. Das Volumenverhältnis sollte immer 1 Teil Reis zu 2 Teilen Wasser sein.

ZUTATEN

ergibt 4 Portionen

1 Tasse (175 g) Basmatireis
2 Tassen (500 ml) Wasser
1 TL Salz

ZUBEREITUNG

1. Den Reis abmessen und in den Topf geben. Mit demselben Maß exakt das doppelte Volumen Wasser abmessen und mit dem Salz hinzufügen.
2. Einmal umrühren und bei großer Hitze zum Kochen bringen. Zudecken und die Hitze reduzieren, sodass es nur noch leicht köchelt.
3. Nach einer Kochzeit von 12–15 Minuten nachsehen, ob der Reis gar ist. Er sollte das Wasser aufgesogen haben und fluffig wirken. Falls er länger braucht, den Deckel wieder schließen und nach weiteren 3 Minuten Kochzeit noch einmal nachsehen.
4. Wenn er gar ist, den Deckel abnehmen und mit einer Gabel locker durch den Reis fahren, damit überschüssiger Dampf entweichen kann. Sofort servieren.

EINFACHER VOLLKORNREIS OHNE ALLES

Die Garzeit von Vollkorn- beziehungsweise braunem Reis ist länger als die von weißem Reis, aber er hat mehr Geschmack, ist nahrhafter und sättigt länger. Besonders in Outdoor-Camps, wo die Expeditionsteilnehmer körperlich schwer zu Gange sind, ist brauner Reis ein hervorragendes Grundnahrungsmittel.

ZUTATEN

Wasser
Vollkorn-Basmatireis
Salz

ZUBEREITUNG

1. Einen großen Topf Wasser aufsetzen. Eine halbe Tasse Reis pro Person und eine Prise Salz pro Tasse Reis ins sprudelnd kochende Wasser geben.
2. Wieder zum Kochen bringen, abdecken und bei schwacher Hitze 25 Minuten köcheln lassen.
3. Den Reis probieren. Ist er nussig und weich, das Wasser abgießen und den Reis abgedeckt 2–3 Minuten ruhen lassen. Ist er noch nicht so weit, muss er noch ein paar Minuten länger kochen und ist dann erst abzugießen.
4. Sofort servieren.

REISGERICHT VOM ALTEN PERSIEN INSPIRIERT

Dieses farbenfrohe, opulente, mit Trockenfrüchten durchsetzte Reisgericht wäre selbst des Tisches eines Schahs würdig. Ich koche Reis besonders gerne nach diesem Rezept - es ist einfach, bietet einer müden Mannschaft Abwechslung und Aufmunterung und ist außerdem prima geeignet, um Ehrengäste im Camp zu bewirten.

ZUTATEN

ergibt 6–8 Portionen

1 mittelgroße Zwiebel
1 Knoblauchzehe
4 EL Mandelblättchen
3 EL Öl
½ TL Kreuzkümmel (Cumin)
ein 3 cm langes Stück Zimtrinde
350 g Basmatireis
6 EL Trockenfrüchte wie Sultaninen, Rosinen, Aprikosen
½ TL Kurkuma
1 Liter Wasser
Salz

ZUBEREITUNG

1. Die Zwiebel und den Knoblauch schälen und würfeln beziehungsweise hacken.
2. Eine Bratpfanne erhitzen, dann die Mandeln hineingeben und ohne Zugabe von Fett goldbraun rösten. Aus der Pfanne nehmen (damit sie nicht weiter rösten) und für später beiseitestellen.
3. In einem breiten Topf das Öl erhitzen, dann den Kreuzkümmel und den Zimt dazugeben. Sobald die Gewürze ihr Aroma entfalten, die Zwiebel und den Knoblauch hinzufügen. Etwa 15 Minuten sautieren, bis die Zwiebel und der Knoblauch glasig sind.
4. Den Reis hinzugeben und so lange rühren, bis jedes Korn mit Öl benetzt ist. Die Kurkuma einrühren, die Trockenfrüchte hinzugeben und umrühren, damit alles von der Zwiebel und den Gewürzen umhüllt ist.
5. Mit dem Wasser auffüllen und einmal umrühren. Zum Kochen bringen, abdecken und auf kleiner Flamme 12–15 Minuten köcheln lassen.
6. Den Reis probieren und ihm etwas mehr Zeit geben, falls er noch nicht ganz gar sein sollte.
7. Sobald er weich ist, den Reis vom Feuer nehmen, die Mandeln unterheben, abdecken und 2–3 Minuten ruhen lassen.

Sofort servieren.

GEMÜSERISOTTO

Risotto ist wunderbar vielseitig und kann mit allen möglichen Zutaten zubereitet werden, einschließlich Meeresfrüchten, frischem Fleisch und sogar Dosenfleisch. Hier wollen wir die Dinge jedoch erst einmal einfach und uns an ein paar schmackhafte Gemüsesorten und an eine sorgfältige Zubereitung halten. Das Ergebnis? Eine wahre Gaumenfreude!

ZUTATEN

ergibt 4–6 Portionen

1 Liter Gemüsefond (siehe S. 215)
500 ml Wasser
1 Zwiebel
2 Staudensellerie-Stangen
2 Karotten
3 EL gutes Olivenöl
350 g Risottoreis
3 EL Butter
2 Tassen frische Erbsen (ohne Hülsen)
2 EL fein gehackte frische Minze
eine Prise Salz
2 EL geriebener Parmesankäse
Butter

ZUBEREITUNG

1. Den Fond und das Wasser in einem Topf zum Kochen bringen und weiterhin die ganze Zeit am Köcheln halten.
2. Das Gemüse, sofern erforderlich, schälen und kleinschneiden.
3. In einem breiten Topf oder einer Bratpfanne 2 EL von dem Öl erhitzen und 1 EL von der Butter hinzugeben.
4. Die Zwiebel hinzufügen und ca. 15 Minuten glasig dünsten, dann den Sellerie und die Karotten hinzufügen und weich dünsten.
5. Den Reis dazugeben und andünsten, bis er beginnt, glasig zu werden. 125 ml Brühe zum Reis geben und vorsichtig umrühren. Sobald die Flüssigkeit aufgesogen ist, den Vorgang wiederholen. Nicht zu energisch rühren, sonst wird der Reis zu klebrig, sondern mit einem Holzlöffel oder Pfannenwender nur sanft hin- und herbewegen.
6. Genauso weitermachen – immer nur ein wenig Brühe auf einmal hinzugeben und warten, bis sie aufgesogen ist. So lange, bis der Reis die gewünschte Konsistenz hat. Das dauert etwa 25 Minuten. Die Erbsen nach der Hälfte der Zeit hinzugeben, wenn der Reis allem Anschein nach gerade beginnt, weich zu werden.
7. Sobald der Reis eine cremige Konsistenz erreicht hat, aber noch leicht bissfest ist – al dente –, vom Feuer nehmen, die Minze drüberstreuen und unterheben.
8. Nun eine Prise Salz, den geriebenen Parmesan und ein paar Butterflöckchen hinzugeben und letztere zerlaufen lassen.
9. Ein letztes Mal sachte umrühren, mit dem restlichen Olivenöl beträufeln und sofort servieren.

PILZRISOTTO

Fleisch und Zutaten mit längeren Garzeiten wie Pilze sollte man im Vorfeld separat kochen, ehe man sie zum Reis gibt. Für ein gutes Gelingen ist wie bei allen Risottos darauf zu achten, dass die Brühe kochend heiß ist und dass möglichst wenig, und wenn, dann vorsichtig umgerührt wird.

ZUTATEN

ergibt 6 Portionen

2 Liter Pilzfond (siehe S. 215)
1 Zwiebel
2 Knoblauchzehen
2 Tassen Pilze
4 EL Olivenöl sowie etwas zum Beträufeln
4 EL Butter
350 g Arborio-Reis
Salz und gemahlener schwarzer Pfeffer nach Belieben
Parmesankäse zum Bestreuen
Wildkräuter zum Garnieren

ZUBEREITUNG

1. Den Pilzfond in einem Topf zum Kochen bringen und bei kleiner Hitze weiterhin die ganze Zeit am Köcheln halten.
2. Die Zwiebel und den Knoblauch schälen und würfeln beziehungsweise hacken. Die Pilze putzen und in Scheiben schneiden. 2 EL vom Olivenöl und 1 EL von der Butter erhitzen.
3. Den Knoblauch dazugeben und ein paar Minuten glasig dünsten, dann die Pilze hinzufügen und schmoren lassen, bis sie weich sind und eine schöne Farbe angenommen haben. Aus dem Topf nehmen und für später beiseitestellen.
4. Neues Öl und Butter in den Topf geben, die Zwiebel hinzufügen und ca. 15 Minuten glasig dünsten.
5. Den Reis hinzufügen und andünsten, bis er beginnt, glasig zu werden.
6. Nun mit 125 ml Brühe aufgießen und vorsichtig umrühren. Sobald die Flüssigkeit aufgesogen ist, den Vorgang wiederholen. Nicht zu energisch rühren, sonst wird der Reis zu klebrig, sondern mit einem Holzlöffel oder Pfannenwender nur sanft hin- und herbewegen.
7. Genauso weitermachen, bis der Reis die gewünschte Konsistenz hat – etwa 25 Minuten.
8. Die gebratenen Pilze unterheben und bei Bedarf eine Prise Salz hinzufügen.
9. Parmesan über dem Risotto reiben, dann ein paar Butterflöckchen darauf verteilen, zerlaufen lassen und unterheben.
10. Etwas schwarzen Pfeffer aus der Mühle über das Risotto streuen, dann mit gutem Olivenöl beträufeln und mit wilden Salatblättchen, Schaumkraut, Sternmiere oder gar mit etwas frisch gehacktem wilden Majoran beziehungsweise Oregano garnieren und sofort servieren.

KARTOFFELPÜREE

Gibt es eine wohltuendere und sättigendere Beilage zu Fleisch- oder Fischgerichten? Das Wichtigste ist, dass keine Klümpchen bleiben, dazu müssen die Kartoffeln vollständig weich gekocht sein und vor dem Zerstampfen muss der Dampf entweichen und die Kartoffeln trocknen können. Verfeinern lässt sich das Kartoffelpüree mit einem Esslöffel Meerrettichsoße, Käse oder Senf. Püree mit Meerrettich passt auch wunderbar als Belag auf einen Cottage Pie (siehe S. 179).

ZUTATEN

ergibt 6–8 Portionen

1 kg Kartoffeln (möglichst mehlig kochend, falls zu bekommen, empfehle ich die Sorten Maris Piper oder King Edward)
2 EL Butter
250 ml Milch
Salz und gemahlener schwarzer Pfeffer nach Belieben

ZUBEREITUNG

1. Die Kartoffeln schälen, vierteln und gleich in einen Topf mit ausreichend kaltem Wasser legen, damit sie sich an der Luft nicht dunkel färben. Sie sollen ganz bedeckt sein.
2. 1 TL Salz in den Topf geben und alles zum Kochen bringen. Ca. 15–20 Minuten köcheln lassen, bis sich die Kartoffeln weich anfühlen, wenn man hineinsticht.
3. Vom Feuer nehmen, gründlich abgießen und den Dampf ein paar Minuten lang entweichen lassen, damit die Kartoffeln trocknen.
4. Die Kartoffeln mit einem Kartoffelstampfer oder notfalls mit dem stumpfen Ende eines dicken, runden Grünholzstücks zerdrücken. Wenn das Püree glatt zu werden beginnt, Butter sowie eine Prise Salz und Pfeffer hinzugeben.
5. Weiter stampfen und nach Bedarf etwas Milch hinzufügen, damit das Püree lockerer wird. Aber bitte nicht zu viel.
6. Abschmecken, bei Bedarf nachwürzen und servieren.

POULET CHASSEUR – FRANZÖSISCHES HÜHNCHEN NACH JÄGERART

Wenn ich auf dem Markt frischen Estragon entdecke, muss ich gleich an diesen Klassiker der französischen Küche denken. Wieder ein rustikales Jägermahl, das schnell und einfach in der Zubereitung ist und dessen geschmacksintensive, würzige Soße das Gericht weit über seine Bescheidenheit und Einfachheit hinaushebt.

ZUTATEN

Ergibt 2 Portionen

2 Schalotten
2 Knoblauchzehen
8 mittelgroße Pilze
1 Estragonzweig beziehungsweise dessen abgezupfte Blätter
4 Tomaten
3 EL Öl
2 EL Tomatenmark
2 Hühnerbrüste
500 ml Hühnerfond (siehe S. 217)
4 EL Sahne oder Mehlbutter (siehe S. 40)
Salzkartoffeln oder frisches Brot

ZUBEREITUNG

1. Die Schalotten und den Knoblauch schälen und fein würfeln. Die Pilze putzen und in Scheiben schneiden. Den Estragon hacken.
2. Die Tomaten häuten, entkernen und grob würfeln.
3. Bei mittlerer Hitze 1 EL des Öls in einem Topf erhitzen, dann die Schalotten und den Knoblauch zugeben und ca. 10 Minuten glasig dünsten.
4. Den Estragon, die Pilze, die Tomaten und das Tomatenmark hinzufügen. Einkochen lassen, bis alles nahezu trocken ist.
5. Mit der Brühe aufgießen, um ein Drittel einkochen lassen und zum Schluss mit der Sahne oder Mehlbutter binden.
6. Die verbleibenden 2 EL Öl in einer Bratpfanne sehr stark erhitzen und darin die Hühnerbrüste von beiden Seiten goldbraun braten, bis sie gar sind (der austretende Bratensaft soll klar sein, wenn man mit einem scharfen Messer ins Fleisch sticht).
7. Das Fleisch auf Tellern anrichten, mit der Sauce übergießen und Salzkartoffeln oder frisches Brot dazu reichen.

WILDBRET À LA STROGANOFF

Dieses Gericht bereite ich gerne aus Reh- oder Hirschrückensteaks oder -lende zu, die ich in Streifen schneide. Die Kombination solch wunderbar zarten Fleisches mit einer tollen Soße macht hier den besonderen Gaumenkitzel aus. Das Geheimnis liegt aber darin, die Zutaten angemessen zu behandeln und Zwiebeln und Pilze nicht zu zerkochen – ihre Substanz gilt es zu erhalten. Das Fleisch muss nur ganz, ganz kurz gegart werden. Am liebsten reiche ich einfachen Basmatireis dazu.

ZUTATEN

ergibt 4 Portionen

1 mittelgroße Zwiebel
eine gute Handvoll Pilze
1 grüne oder rote Gemüsepaprika
3 EL Erdnussöl
150 ml Rinderfond (siehe S. 218)
500 g Rückensteak beziehungsweise Lende vom Reh oder Hirsch, in Streifen geschnitten
1 EL Dijonsenf oder körniger Senf
100 ml Sahne
Salz und gemahlener schwarzer Pfeffer nach Belieben
Salzkartoffeln oder Basmatireis als Beilage

ZUBEREITUNG

1. Die Zwiebel schälen und fein würfeln, die Pilze putzen und vierteln, die Gemüsepaprika entkernen und in Stifte schneiden.
2. Vorzugsweise in einem Wok, einer Pfanne oder einem breiten, niedrigen Topf (um die Verdunstung zu beschleunigen und die Garzeit zu verkürzen, wodurch das Wild zart bleibt) 1 EL vom Öl erhitzen und die Zwiebel etwa 15 Minuten glasig dünsten.
3. Die Pilze und die Paprika dazugeben und bei großer Hitze unter Rühren in nur etwa einer Minute anbraten.
4. Mit der Brühe aufgießen und auf ein Drittel des ursprünglichen Volumens einkochen. Das gegarte Gemüse in einen angewärmten Topf geben und beiseitestellen.
5. Den Wok auskratzen, das restliche Öl hineingeben und die Fleischstreifen bei starker Hitze unter Rühren anbraten. Außen soll das Wild braun sein und innen rosa (aber nicht roh).
6. Die Hitze zurücknehmen und mit einem Löffel Wasser ablöschen. Den Senf hinzufügen und unter das Fleisch heben.
7. Das gegarte Gemüse zum Fleisch geben, mit der Sahne aufgießen und zum Kochen bringen. Mit Salz und Pfeffer abschmecken.
8. Auf einem Bett aus Basmatireis anrichten oder Salzkartoffeln dazu reichen.

POLLO ALLA CACCIATORA – ITALIENISCHES HÜHNCHEN NACH JÄGERART

Sie werden inzwischen bemerkt haben, dass ich Gerichte nach Jägerart liebe. Daher darf dieses Rezept natürlich nicht fehlen. Sobald die Kräuter hinzukommen, duftet es herrlich und man weiß sofort, dass hier etwas Besonderes gezaubert wird. Sie werden sich wohl einen langen Stock suchen müssen, um hungrige Mäuler abzuwehren, die von den Wohlgerüchen angelockt werden. Das Rezept lässt sich auch leicht abwandeln und mit Kaninchen anstatt Huhn zubereiten. Wer mag, kann auch noch eine Gemüsepaprika zugeben.

ZUTATEN

ergibt 4 Portionen

3–4 Knoblauchzehen
1 Zwiebel
4–5 Salbeiblätter
1 Rosmarinzweig beziehungsweise dessen abgezupfte Blätter
eine Prise Salz
1 Hühnchen, in Stücke zerlegt (siehe S. 186–187)
Mehl zum Bestäuben
2 EL Olivenöl
2 EL Tomatenmark
250 ml Wein oder Hühnerfond (siehe S. 217)
eine Handvoll entsteinte Oliven
400 g Tomatenstücke aus der Dose
bei Bedarf Wasser oder noch etwas Fond extra
Salz und gemahlener schwarzer Pfeffer nach Belieben
300 g gekochte Pasta (Farfalle oder Muschelnudeln) als Beilage

ZUBEREITUNG

1. Den Knoblauch und die Zwiebel schälen und fein würfeln. Die Kräuter fein hacken und eine Prise Salz hinzugeben.
2. Das Hühnerfleisch mit der Hälfte der gehackten und vermischten Kräuter würzen und großzügig mit Mehl bestäuben.
3. Das Öl in einem Topf erhitzen, die Fleischstücke hineingeben und rundherum anbräunen. Aus dem Topf nehmen, beiseitestellen und warmhalten.
4. Die Zwiebel in dem Öl im Topf anschwitzen, die restlichen gehackten Kräuter und das Tomatenmark hinzufügen. Ein paar Minuten dünsten.
5. Falls vorhanden, mit Rot- oder Weißwein ablöschen. Falls nicht, mit Brühe.
6. Die Oliven und die Tomatenstücke hinzugeben. Die Fleischstücke zurück in den Topf legen und 20–30 Minuten sehr sanft köcheln lassen, bis das Hühnchen gar und die Soße eingekocht ist.
7. Die Soße mit Salz und Pfeffer abschmecken und bei Bedarf mit Wasser oder Hühnerfond verdünnen.
8. Gekochte Farfalle oder Muschelnudeln oder auch Polenta dazu reichen.

VARIATION

CONIGLIO ALLA CACCIATORA – ITALIENISCHES KANINCHEN NACH JÄGERART

Zutaten und Zubereitung sind dieselben, außer dass Kaninchenfleisch statt des Hühnchens verwendet wird. 6 leicht zerdrückte Wacholderbeeren in Schritt 4 hinzufügen. Sobald das Fleisch in der Soße liegt, die Flüssigkeitsmenge durch Zugabe von Brühe erhöhen. Nicht alles auf einmal – immer mal wieder einen Schuss dazugießen. Wildkaninchen muss lange und langsam gegart werden, bis sich das Fleisch fast von alleine von den Knochen löst. Immer wieder mit Fond auffüllen und einkochen lassen, bis die Soße am Ende die gewünschte Konsistenz hat.

DEAD MAN'S LEG ODER JAM ROLY-POLY

Ein klassischer *steamed pudding* der englischen Küche (hat mit dem, was wir im deutschen Sprachraum unter „Pudding" verstehen, nicht das Geringste zu tun), der sich wohl am besten als mit Konfitüre gefüllte, aber eben nicht kross gebackene, sondern gedämpfte Teigrolle umschreiben lässt. Er war besonders beliebt in den Obst- und Hopfenpflückerlagern der Grafschaft Kent. Ein schmackhafter und sättigender Nachtisch, besonders für diejenigen, die den ganzen Tag körperlich schwer gearbeitet haben.

ZUTATEN

ergibt 6 Portionen

1 EL Zucker
250 g mit Backpulver versetztes Mehl sowie Mehl zum Bestäuben
100 g zerkleinerter Nierentalg
150 ml Milch
6–8 EL Himbeermarmelade
Vanillesoße (siehe S. 223) oder Sahne (falls vorhanden) zum Servieren

ZUBEREITUNG

1. Einen großen Topf oder Gusseisenkessel über dem Feuer platzieren, Wasser hineingeben und zum Kochen bringen.
2. In der Zwischenzeit den Zucker, das Mehl und den Nierentalg vermischen. So viel Milch hinzufügen, dass ein nicht zu fester, aber ausrollbarer Teig entsteht.
3. Mit einem gemehlten Nudelholz den Teig auf einer ebenfalls mit Mehl bestäubten Arbeitsfläche zu einem Viereck ausrollen, dessen Seiten 4 cm kürzer sind als der Topfdurchmesser.
4. Den Teig dick mit der Himbeermarmelade bestreichen, die Ränder dabei freilassen.
5. Den Teig zu einer Rolle aufwickeln (ähnlich einer Biskuitrolle), den Rand mit etwas Wasser bestreichen und verschließen.
6. Ein Geschirrtuch oder ein Stück sauberen Baumwollstoff abkochen, auswringen und flach auslegen. Das Tuch an einer Seite mit reichlich Mehl bestäuben und die Teigrolle drauflegen. In das Tuch einwickeln und die Enden mit etwas Küchenschnur zusammenbinden. Die eingeschlagene Teigrolle mit zwei weiteren Schnurstücken sichern. Nicht zu straff zubinden, da der Teig beim Backen aufgeht und sich ausdehnt.
7. Die eingewickelte Teigrolle ins kochende Wasser legen und 2–3 Stunden köcheln lassen. Den Wasserstand kontrollieren und bei Bedarf nachfüllen, damit die Teigrolle im Topf nicht trockenfällt.
8. Die Teigrolle herausholen und so weit abkühlen lassen, dass man sie anfassen kann. Soll das Roly-Poly sofort verzehrt werden, kann man beim Abkühlen etwas nachhelfen, indem man die noch eingewickelte Rolle kurz mit kaltem Wasser abschreckt.
9. Sofern gewünscht, mit Vanillesoße oder Sahne servieren.

GESTÜRZTER ANANASKUCHEN

Der erste Kuchen, den ich jemals draußen am Lagerfeuer zu backen versucht habe. Die Zubereitung ist sehr einfach und der Kuchen kommt immer gut an. Wenn Sie ihn im Eingangsbereich eines Bergzelts anrichten, nachdem es eine Woche lang geregnet hat, wird man Sie zum Lieblingskoch der Nation küren!

ZUTATEN

ergibt 4–8 Portionen

150 g weiche Butter sowie noch etwas Butter zum Einfetten des Topfs
200 g Zucker
ca. 230 g Ananasringe aus der Dose (abgetropft, den Saft aber nicht wegschütten!)
250 g Mehl
2 TL Backpulver
3 EL Milchpulver
eine Prise Salz
2 Eier oder eine dementsprechende Menge Eipulver
Wasser (entsprechend der Anleitung auf der Eipulververpackung)
Vanillesoße (siehe S. 223) oder Sahne zum Servieren (falls vorhanden)

ZUBEREITUNG

1. Das Innere des Topfs (möglichst um die 22 cm im Durchmesser) gut mit Butter einfetten.
2. 2 EL von der Butter mit 4 EL vom Zucker vermengen und gleichmäßig verteilt auf den Topfboden streuen. Normalerweise werden die Butter-Zucker-Flöckchen nun erhitzt, bis der Zucker karamellisiert und die Flöckchen eine goldbraune Farbe annehmen, aber ich mache mir diese Mühe meist nicht.
3. Die Ananasringe auf den Streuseln aus Zucker und Butter verteilen. Den Ananassaft aus der Dose auffangen und beiseitestellen.
4. Das Mehl, das Backpulver, das Milchpulver, das Salz, den restlichen Zucker und die verbleibende Butter vermengen. Das Eipulver hinzufügen, sofern welches verwendet wird.
5. Mit den Händen alles gut vermengen, bis ein glatter Teig entsteht. Dann die Eier hinzugeben, sofern frische verwendet werden, oder die auf der Verpackung angegebene Menge Wasser, sofern Eipulver verwendet wird.
6. Den Ananassaft aus der Dose hinzufügen und alles gründlich mit einem Löffel verrühren. Bei Bedarf etwas Wasser dazugeben, bis die Konsistenz die eines sehr dicken Rührkuchenteigs entspricht.
7. Den Teig mit einem Löffel auf die Ananasringe geben, gleichmäßig verteilen und einigermaßen glattstreichen.
8. Den Topf in einen Dampfgarer stellen oder einen doppelwandigen Simmertopf improvisieren (siehe S. 133) und 45 Minuten darin dämpfen.
9. Per Stäbchenprobe überprüfen, ob der Kuchen gar ist: Einen Holzspieß in der Mitte hineinstecken und wieder herausziehen. Wenn kein Teig am Holz klebt, ist der Teig durchgebacken.
10. Vom Feuer nehmen, ein paar Minuten ruhen lassen und auf einen Teller stürzen.
11. Heiß servieren und nach Wunsch Vanillesoße oder Sahne dazu reichen. Schmeckt aber auch kalt sehr gut.

DAS GAREN IM GUSSEISENTOPF

ICH FRAGE MICH OFT, WIE VIELE ALTE EISENTÖPFE wohl schon weggeworfen wurden. Klar, selbst ein gut gepflegter Gusseisentopf wird dem Uneingeweihten als scheußlich archaisches Relikt aus grauer kulinarischer Vorzeit erscheinen. Und wehe dem Eisentopf mit ein paar Rostflecken, wenn er neben den klinisch sauber blitzenden Edelstahltöpfen steht. Doch seinem Aussehen zum Trotz ist ein Topf aus schwarzem Eisen oder schwerem Stahl das vielleicht wichtigste und vielseitigste Kochutensil in der Feldküche am festen Lagerplatz oder wenn man per Fahrzeug in der Wildnis unterwegs ist. Wer erst einmal weiß, wie man ihn benutzt und pflegt, wird so einen Topf nie mehr hergeben wollen. In diesen Töpfen lässt es sich wunderbar kochen, sie halten die Wärme und verteilen sie gleichmäßig, wie es kein anderer Topf vermag. Sie ermöglichen ein langsames, schonendes Garen – so gelingen sagenhafte Schmorbraten, und was das Backen angeht, sind diese Töpfe, wie Sie anhand der Brotrezepte weiter hinten feststellen werden, einfach unvergleichlich.

FEUERTOPF, DUTCH OVEN & CO.

Im Englischen heißen sie zwar *Camp Oven*, sind in Wirklichkeit aber keine Öfen, sondern Bräter beziehungsweise Schmortöpfe, in denen man aber durchaus auch backen kann wie in einem Backofen – daher der Name. Ich mag den Begriff „Camp Oven". Er fasst das, was diese einfachen Kessel vermögen, gut zusammen. Vielfach ist auch von einem „Dutch Oven" die Rede, eine Bezeichnung, die auf Abraham Darby zurückgeht, der Anfang des 17. Jahrhunderts an einer Messinggießerei in Bristol beteiligt war und ein Messinggussverfahren, das er in Holland kennengelernt hatte, auf die Herstellung hochwertiger Eisentöpfe übertrug und sich patentieren ließ. Denn Eisen war als Material für Kochtöpfe viel wirtschaftlicher als das bisher übliche Messing. Und auch heute ist ein gusseiserner Topf noch immer eine lohnende Investition, denn bei guter Pflege leistet er auch in Zukunft vielen Generationen treue Dienste.

Im 19. Jahrhundert verwendeten die Familien der Siedler, Kolonisten und Pioniere an den Grenzen der „Zivilisation" überall auf der Welt diese gusseisernen Kessel. Sie hingen von den Handkarren und Planwagen, die in den amerikanischen Westen zogen, eiserne Potjies baumelten an den Ochsenkarren der burischen Voortrekkers im südlichen

Afrika, in Neuseeland wurden sie in den weit abgelegenen Jagdhütten ebenso geschätzt wie auf den riesigen Rinderfarmen im wilden australischen Outback. Heute lassen sich immer noch uralte Eisenkessel in den entlegensten Hütten finden, manche beschädigt oder zerbrochen, rostige Überbleibsel längst vergangener Zeiten, aber ein paar werden auch noch zum Kochen verwendet, die Topfwand längst dünn vom vielen Gepflegt- und Eingebranntwerden, wieder und wieder seit Generationen.

Auch in der modernen Küche sind gusseiserne Schmortöpfe in Gebrauch, meist allerdings in emaillierter Form von Firmen wie Le Creuset – wunderbares Kochgeschirr und viel raffinierter und kultivierter als die einfacheren Versionen, die wir im Wildniscamp verwenden. Aber eine Emaillierung brauchen wir hier nicht, stattdessen muss unser Topf so beschaffen sein, dass man ihn in die Glut stellen kann.

Gusseiserne Kessel und Schmortöpfe werden in vielen Formen und Größen angeboten, sie alle beschreiben zu wollen, würde alleine schon ein Buch füllen. Die besseren Hersteller bieten eine breite Palette an Camp Ovens, Dutch Ovens, Feuertöpfen und dergleichen sowie allerlei Zubehör an. Manches leistet sogar in der heimischen Küche gute Dienste. Doch so verlockend einiges davon auch sein mag – Platzbedarf und Gewicht sind in der Wildnis Grenzen gesetzt, deshalb wollen wir uns an die alte Regel halten: So einfach wie möglich!

Daher sollte ein für unsere Zwecke geeigneter gusseiserner Schmorkessel rund sein und entweder einen flachen oder einen gewölbten Boden haben.

GUSSEISERNE KESSEL MIT PLANEM BODEN

Sie sind am vielfältigsten einsetzbar und lassen sich durch ihre Form gut verpacken. Man kann alles Mögliche darin zubereiten, besonders eignen sie sich jedoch für Schmorbraten und zum Backen. Daher ist diese Form am weitesten verbreitet. Man kann sie mit oder ohne Standfüße kaufen, es gibt Varianten mit hohen oder flachen Seitenwänden. Ich persönlich bevorzuge flache Kessel ohne Füße. So robust und schwer sie sind, so empfindlich sind sie auch, wenn man sie fallen lässt oder gegen einen harten Gegenstand schlägt. Mehr als einmal habe ich schon Kessel mit abgeschlagenen Füßen erlebt. Schlimmer noch, wenn dabei ein ganzes Stück des Bodens herausbricht. Zudem werden sie vermutlich meist per Geländefahrzeug transportiert, und das häufige Auf- und Abladen wird den Füßen als den neuralgischen Stellen des Topfes wohl kaum zuträglich sein. Außerdem haben diese dünnen Füße die unangenehme Angewohnheit, sich in anderen Ausrüstungsgegenständen zu verheddern.

Wichtig ist ein kräftiger quer verlaufender Bügelhenkel zum Aufhängen des Kessels. Der Deckel sollte obenauf einen Rand oder eine Vertiefung für die Glut aufweisen, denn oft ist es nötig, dass zum Garen auch oben auf dem Deckel Glut liegt. Ein guter Deckel kann auch umgedreht und als Bratpfanne verwendet werden. Manche dieser Töpfe lassen sich komplett wenden und somit in einen Pizzaofen verwandeln. Auch dem Griff des Deckels ist Beachtung zu schenken. Er sollte sehr klein sein, sodass man ihn nur mit Hilfe eines Hakens oder Topfhebers anheben kann. Ein Griff, der groß genug ist, um mit bloßen Händen gegriffen zu werden, ist eine heiße Versuchung für vergessliche Hände. Eisen speichert die Hitze, und wer müde oder abgelenkt ist, fasst in einem unbedachten Moment schnell mal zu und verbrennt sich höllisch. Wer also kein Brandzeichen des Herstellers an den Fingern haben möchte, greift zu Minigriff und Topfheber. Ich habe mir einen einfachen aus etwas Zaundraht selbst gebastelt. Auch lässt sich ein einfacher Deckelknauf aus Holz fertigen, der nicht so heiß wird.

Was *Dutch Ovens* und *Camp Ovens* angeht, sind mir die sogenannten Feuertöpfe von Petromax am liebsten. Sie erfüllen alle der eben genannten Kriterien. Hier sind es die Deckel, die immer mit stabilen und tafelförmig-flachen Standfüßen ausgestattet sind, sodass sie sich sehr gut umdrehen und als Bratpfanne nutzen lassen. Auch ermöglichen sie das Übereinanderstapeln mehrerer dieser Töpfe – beim Garen oder beim Lagern. Petromax-Feuertöpfe gibt

JUMBO

es in verschiedenen Größen. Am beliebtesten sind 4,5- und 7-Liter-Töpfe. Ich mag den 2-Liter-Feuertopf am liebsten, damit lässt sich wunderbar für eine oder zwei Personen kochen und sehr gut Brot backen. Der 4,5-Liter-Topf ist für bis zu vier Personen ausreichend und immer noch relativ kompakt, mit dem 7-Liter-Topf kocht man gut für vier bis sechs Leute. Logisch, je größer der Kessel, umso mehr Leute können damit verköstigt werden, und in größeren Feuertöpfen lassen sich auch ganze Haxen, Keulen und große Bratenstücke schmoren.

ALUMINIUM

Diese Art Schmortöpfe gibt es auch aus Aluguss, was sie viel leichter macht. Meine erste Reaktion darauf war gesundes Misstrauen, aber ich muss ehrlich sagen, sie funktionieren sehr gut und sind eine leichtgewichtige Alternative zum schweren Eisenguss. Man muss aber aufpassen, dass das Material in einem sehr heißen Feuer nicht schmilzt. Ich persönlich gebe immer noch meinen bewährten Gusseisentöpfen den Vorzug.

GUSSEISERNE KESSEL MIT GEWÖLBTEM BODEN

Auch wenn der Begriff *Potjie* (was nichts weiter heißt als „kleiner Topf") im Prinzip beide Formen umfasst, die mit flachem und die mit gewölbtem Boden, so hat er sich doch beinahe als Universalbezeichnung für alle afrikanischen Gusseisenkessel mit gewölbtem Boden durchgesetzt. Die nach unten gewölbten Potjies sind extrem vielseitige Töpfe und fast immer mit Füßen ausgestattet. Verwendet man einen fußlosen Kessel mit gewölbtem Boden, kann man sich mit drei großen Steinen behelfen oder aber mit einem Dreifuß.

Der nach unten gewölbte Potjie kann ein Gericht ganz besonders gut: Potjiekos. Von der gehobenen Küche zwar weitestgehend ignoriert, ist doch dieses lange und langsam geschmorte traditionelle Eintopfgericht eine der exzellentesten Speisen dieser Welt. Nahezu jede südafrikanische Familie hat ihr eigenes Spezialrezept. Es gibt kaum etwas Besseres als den Duft von Potjiekos, wenn er sich mit dem Rauch eines afrikanischen Lagerfeuers mischt. Das Gefühl von Gemeinschaft und Wohlbefinden, das sich breitmacht, während das Essen aus dem Potjie ausgeteilt wird, ist ziemlich einzigartig (siehe gegenüberliegende Seite).

DER BEDOURIE OVEN – STAHL STATT GUSSEISEN

Gusseiserne Schmortöpfe wollen gehegt und gepflegt werden, sie wirken zwar robust, aber Gusseisen ist spröde. Auf eine steinige Oberfläche fallengelassen – und schon hat er einen Sprung oder ist ganz zerborsten. Oder heiß in kaltes Wasser getaucht – schon wieder ein Sprung.

In den 1920er-Jahren machte sich bei den Kameltreibern, Rinderhirten und Viehtreibern im australischen South West Queensland Frust breit – wie viele der für die Verpflegung auf den langen Viehrouten durchs raue Outback so wichtige Gusseisenkessel waren ihnen beim Transport nicht schon kaputt gegangen. Und so baten sie einen Blechschmied in Bedourie, ihnen einen aus Stahl zu fertigen. Daraus wurden die heute als Bedourie Camp Oven und Aussie Camp Oven bekannten Schmortöpfe, die heute im Formdruckverfahren hergestellt werden. Aus Karbonstahl – daher sind sie viel leichter als Gusseisentöpfe und praktisch unkaputtbar. Ich habe mehrere nun schon seit weit über 20 Jahren in Benutzung. Der Bedourie Oven ist in vielerlei Hinsicht der perfekte Expeditionstopf: leicht, kompakt, zäh und vielseitig. Darin schmort es sich anders als in Gusseisen – da sie dünnwandiger sind, gart vieles schneller und beim Backen sollte der Teig nicht direkt auf dem Kesselboden liegen, sondern mittels eines Unterbaus im Topf erhöht platziert werden.

POTJIEKOS – „KLEINER TOPF MIT NAHRUNG“

Potjiekos entstand aus der Entbehrung und dem Reisen unter schwierigsten Bedingungen und ist nach wie vor genial, wenn man draußen kocht. Unterwegs genügt es, die Zutaten einfach mit dem Taschenmesser grob zu schnippeln, ohne Brettchen und gleich in den Topf hinein. Das Schöne am *Potjiekos* ist, dass alle Zutaten, die einem so zur Verfügung stehen, zusammengeworfen werden. Wirkliche Regeln gibt es nicht, außer dass alles langsam in einem Eisenkessel gegart wird.

Der Legende nach hat *Potjiekos* seinen Ursprung im Achtzigjährigen Krieg in den Niederlanden. Während der Belagerung von Leiden 1574 überlebten die Bürger, indem sie alles, was sie finden konnten, in Eisentöpfen kochten.

Als holländische Siedler im südlichen Afrika ankamen, hatten sie ähnliche Eisentöpfe im Gepäck. Während des Großen Trecks war der *Potjie* eines der wichtigsten Ausrüstungsgegenstände der *Voortrekker*. Am Abend eines jeden Tages erhitzten sie den Topf und kochten an Fleisch, was sie hatten oder auftreiben konnten – Impala, Kudu, Buschschwein, Warzenschwein, Kaninchen, Perlhuhn und so weiter. Sie gaben Teile großer Knochen hinzu, das Fett aus dem Knochenmark schmolz und half, das Gericht zu binden. Was an Gemüse zu finden war, kam auch noch mit hinein, und fertig war *Potjiekos*.

Heute werden diese Gerichte oft um stärkehaltige Beilagen wie Nudeln oder Reis erweitert, die obenauf kommen. Das Fleisch wird langsam bei geringer Hitze gegart, in etwas Flüssigkeit, damit Dampf aufsteigt. Die Zutaten schichtet man in den Topf – was am längsten gart, kommt unten auf den Topfboden, was am schnellsten gar ist, kommt ganz obenauf. Die Schichten werden nicht verrührt, sodass jede Komponente bis zum Servieren ihr eigenes Aroma behält.

EINEN GUSSEISERNEN SCHMORKESSEL REINIGEN

Kenner behaupten, man solle niemals Seife dafür verwenden. Sie haben Angst um die Schicht (Patina), die beim Einbrennen entsteht, und meinen, der Topf sei dann ruiniert. Das sehe ich nicht so. Ich habe immer etwas Spülmittel und einen Scheuerschwamm verwendet, um meine gusseisernen Töpfe zu reinigen. Das Spülmittel entfernt unerwünschtes Fett und sorgt für Sauberkeit. Der Topf wird gleich wieder gründlich abgespült, abgetrocknet und eingeölt, damit die Einbrennschicht erhalten bleibt.

Allerdings schrubbe ich nicht kräftig, auch nicht bei festgebackenen Rückständen, die meist durch zu langes, trockenes Kochen oder zu große Hitze entstehen. Um sie zu entfernen, schnitze ich ein Stück grünes Holz in Meißelform und schabe sie ab. Abbrennen geht auch, dazu dreht man den Topf über dem Feuer um, aber das musste ich noch nie machen.

EINEN GUSSEISERNEN SCHMORKESSEL EINBRENNEN

Camp Oven, Dutch Oven oder Feuertöpfe aus Gusseisen sind meist bereits industriell eingebrannt und dadurch schwarz. Das händische Einbrennen funktioniert immer gleich, egal ob bei Gusseisen oder Stahl, ja selbst bei Töpfen aus Aluminium. Das schützt vor Rost und Korrosion, vor allem aber bewirkt es bei allen diesen Töpfen eine Art Antihaftschicht, die das Reinigen erleichtert. Sollte der Topf unter Vernachlässigung leiden (was bei den meisten irgendwann einmal der Fall ist) und Rost ansetzen – kein Problem, man kriegt ihn leicht wieder sauber und kann ihn erneut einbrennen.

Hier ist Vorsicht geboten, verbrennen Sie sich nicht! Gegebenenfalls dicke Backofenhandschuhe und eine Zange verwenden.

1. Mit einem Reinigungskissen aus Stahlwolle den Topf gründlich reinigen.
2. Besonders gründlich ausspülen.
3. Den Topf über geringer Hitze trocknen.
4. Die Innenseite mit mildem Öl einreiben.
5. Den Topf erhitzen, bis das Öl zu rauchen beginnt, dann vom Feuer nehmen und mit einer Zange und Küchenpapier das überschüssige Öl abwischen.
6. Das Ganze mehrmals wiederholen, bis das Küchentuch zwar ölig wird, sich aber nicht mehr schwarz beziehungsweise dunkel verfärbt.
7. Gewöhnlich öle ich nun noch einmal nach.
8. Den Kessel hoch über einem Feuer platzieren, damit er mehrere Stunden warm bleibt.
9. Nach jedem Gebrauch den Kessel einmal trocken auswischen und ölen.

NÜTZLICHES ZUBEHÖR

Heben Sie sich Ihr Geld für gute Kochzutaten auf, denn viel Zubehör für Feuertopf, *Camp Oven* & Co. braucht man nicht. Und was man braucht, ist generell beim Kochen am offenen Feuer nützlich, egal mit welchem Kochgeschirr.

HAKEN

Einen heißen Topf oder Deckel anheben, den Topf vom Feuer ziehen und tausend andere unvorhersehbare Umstände erfordern einen Haken. Der lässt sich aus einem Ast schnitzen, aber ein Kesselhaken aus Metall ist natürlich besser. Für meine Bedourie-Kessel verwende ich ein Paar lange Topfhaken. Um Deckel anzuheben, gibt es zwar Deckelheber, aber ich habe meinen aus starkem Zaundraht selbst gebastelt – leicht und praktisch. Der Haken muss jedenfalls kräftig genug sein für das Gewicht, das er anheben soll. Die meisten Hersteller bieten optimale Kesselhaken und Deckelheber.

HANDSCHUHE

Wer Erfahrung hat, kann kochen, ohne je eine heiße Oberfläche auch nur anfassen zu müssen. Dem genügt ein Kesselhaken, um einen Topf hin- und herzubewegen. Dennoch kann es nicht schaden, ein paar Topfhandschuhe in der Nähe zu haben. Sie gehören außerdem schon alleine aus Sicherheitsgründen zur Ausrüstung für alle, die mit Gusseisen umgehen. Ich empfehle strapazierfähige Grill- oder Schweizerhandschuhe.

DREIFÜSSIGER EINSATZROST

Ein Dreifuß ist ein Unterbau mit drei Standfüßen. Gemeint ist hier das dreibeinige Untergestell, das man in den Topf hineinlegt, damit das Kochgut nicht unmittelbar auf dem Kesselboden aufliegt. Das kann ein speziell auf den Topf zugeschnittener Rosteinsatz sein oder einfach drei Steine, über die man ein Blech oder Gitterrost legt. Ich habe hier sogar schon die Nabenmuttern eines Reserverads benutzt – ging perfekt, denn die haben genau die richtige Höhe. (Nur verlieren darf man sie nicht!)

ZANGE

Ein oder zwei leichte Grill- und Kohlezangen aus Edelstahl sind generell äußerst nützlich, wenn man draußen kocht. Wer backt oder Schmorbraten macht, verwendet sie, um Glut beziehungsweise glühende Holzkohle auf den Deckel des Dutch Ovens zu legen.

SCHAUFEL

Eine Schaufel ist nicht unbedingt notwendig, gewöhnlich lässt sich Glut auch mit einem oder zwei Stöcken bewegen. Aber da es Usus ist, für Rettungszwecke eine Schaufel auf Expeditionen dabeizuhaben, kann man sie natürlich auch zum Verschieben der Glut verwenden. Ein langer Stiel ist nicht nötig. Sollte das Feuer so heiß sein, dass Sie einen langen Stiel bräuchten, dann ist es mit Sicherheit viel zu heiß zum Braten oder Kochen!

PFANNENKNECHT UND DREIBEIN

Wenn ich einen Dutch Oven verwende, hänge ich ihn meist an ein Dreibein oder stelle ihn auf den Boden, umgeben von Glut. Man kann auch einen klappbaren Dreifuß beziehungsweise Pfannenknecht nutzen, damit der Topf etwas erhöht über der Glut steht. Eine einfache Lösung besteht aus zwei Winkeleisen, die man parallel auf Steine oder Baumstämme legt. Im Geländefahrzeug finden sie leicht einen Platz, und wenn Töpfe mit unterschiedlichem Durchmesser zum Einsatz kommen, kann man die Eisen auf einer Seite näher beieinander platzieren (dann liegen sie natürlich nicht mehr parallel) und so gleichzeitig auch schmalere Töpfe übers Feuer stellen.

Petromax

BRATHÄHNCHEN

Für den erfahrenen Outdoor-Koch bedarf dieses Gericht keiner großen Worte. Aber für diejenigen, die sich gerade erst auf das Abenteuer Draußenkochen einlassen, ist das Brathähnchen aus dem Schmortopf der perfekte Einstieg – ein Klassiker, der sich leicht zubereiten lässt.

ZUTATEN

ergibt 4–6 Portionen

2 Staudensellerie-Stangen
1 mittelgroße Zwiebel
1 mittelgroße Karotte
1 halbierte Zitrone und/oder 1 geschälte Zwiebel
1 Hähnchen
Olivenöl
frische Thymian- oder Majoranblätter, gehackt
Salz und gemahlener schwarzer Pfeffer nach Belieben
Schmorkartoffeln (siehe S. 176) und geschmortes oder gekochtes Gemüse oder Salat als Beilage

ZUBEREITUNG

1. Einen Einsatzrost in den Topf legen und den Topf erhitzen.
2. Das Gemüse schälen und in Stücke schneiden.
3. Das Hähnchen mit der Zitrone und/oder der Zwiebel füllen.
4. Das Hähnchen rundherum mit Öl einreiben, salzen, pfeffern und nach Wahl mit Kräutern bestreuen. Auch eine Gewürzmischung kann verwendet werden. Ich nehme hier gerne Anglersalz (siehe S. 50).
5. In den erhitzten Topf legen und bei mittlerer Hitze 20 Minuten schmoren plus 20 Minuten je 450 g Hühnerfleisch. Je nach Größe des Hähnchens Gemüse dazugeben.
6. Gegen Ende der Garzeit Glut auf den Deckel legen, damit die Oberseite des Hähnchens bräunt.
7. Das Hähnchen, wenn es durchgegart ist, aus dem Topf nehmen und in einem anderen, angewärmten Topf ruhen lassen.
8. Den Einsatzrost herausnehmen, den Bratensaft im Topf ablöschen und daraus eine Bratensoße zaubern (siehe S. 219).
9. Das Hähnchen tranchieren und mit Schmorkartoffeln, Gemüse oder Salat servieren.

SCHMORKARTOFFELN

Für mich ist die ultimative Beilage zu jedem Braten die im Backofen goldbraun geschmorten Röstkartoffeln, die man aber weder mit deutschen Bratkartoffeln noch mit Ofenkartoffeln verwechseln darf. Menge und Garzeit hängen davon ab, wie viele Personen mit welchem Appetit mitessen, welche Topfgröße zur Verfügung steht und welches Wetter herrscht. Dies bitte berücksichtigen.

ZUTATEN

ergibt 4 Portionen

1 kg mehlig kochende Kartoffeln (falls zu bekommen empfehle ich die Sorten King Edward oder Maris Piper)
Gänsefett oder Öl
Salz

ZUBEREITUNG

1. Die Kartoffeln schälen, halbieren und sofort in einen großen Kochtopf mit Salzwasser legen.
2. Zum Kochen bringen und die Kartoffeln maximal 5 Minuten köcheln lassen, sodass sie nur ein ganz klein wenig angegart sind.
3. Gut abgießen, die Kartoffeln wieder in den Topf legen und den Topf bei geschlossenem Deckel kräftig schütteln, damit die äußere Oberfläche der Kartoffeln weich wird. Den Deckel abnehmen, damit der Dampf entweichen kann und die Kartoffeln trocknen.
4. In einem Dutch Oven bei mittlerer Hitze das Gänsefett schmelzen beziehungsweise das Öl erhitzen. Man benötigt nur so viel, um die Kartoffeln zu benetzen – sie sollten nicht im Fett schwimmen!
5. Sobald das Fett beziehungsweise Öl sehr heiß ist, die Kartoffeln mit einem Löffel hineinlegen und darin wenden, um sie rundherum zu benetzen.
6. Bei geschlossenem Deckel etwa 30 Minuten schmoren. Alle 10 Minuten den Deckel abnehmen, die Kartoffeln wenden und mit Fett/Öl benetzen. Bei geöffnetem Deckel kann der Dampf entweichen, was knusprigere Kartoffeln zur Folge hat. Niemals zu viele Kartoffeln auf einmal in den Dutch Oven geben, da sich sonst zu viel Dampf bildet, wodurch die Kartoffeln zwar gar, aber nicht knusprig werden.

YORKSHIRE PUDDING

Dieser englische Klassiker hat nichts, aber auch gar nichts mit dem deutschen „Pudding“ zu tun, sondern ist ein herzhaftes Backwerk, das als Beilage zu Fleischgerichten gereicht wird. Der Teig lässt sich vorbereiten, während das Fleisch gart, und backen, während das Fleisch ruht. Statt einer an Muffinförmchen erinnernden Spezialbackform, die klassischerweise kleine Küchlein hervorbringt, behelfen wir uns damit, einfach einen großen Yorkshire-Pudding-Fladen zu backen und im Anschluss zu portionieren. Das reduziert nicht nur die Kochausrüstung, sondern ist auch sicherer, da wir nicht mit heißen Förmchen voller heißem Öl in einem heißen Dutch Oven herumhantieren müssen.

ZUTATEN

ergibt 4–6 Portionen

5 EL Milchpulver oder ca. 250 ml Milch
4 EL Eipulver oder 2 Eier
ca. 250 ml Wasser, sofern Milch- und Eipulver verwendet wird
ca. 125 g Mehl
4 EL Öl oder Gänsefett
Salz und gemahlener schwarzer Pfeffer nach Belieben

ZUBEREITUNG

1. Je nachdem, was verwendet wird, das Milch- und das Eipulver mit dem Wasser verrühren, beziehungsweise die Milch und die Eier verrühren.
2. Nach und nach das Mehl einrühren, bis der Teig die Konsistenz von dicker Sahne hat. Bei Bedarf entweder mit etwas Wasser verdünnen oder etwas mehr Mehl dazugeben. Eine gute Prise Salz und Pfeffer hinzufügen.
3. Eine Bratpfanne oder ein großer, als Bratpfanne verwendbarer Topfdeckel dient als Backform. Diese auf einem Dreifuß oder Einsatzrost im Inneren des vorgeheizten Dutch Ovens platzieren und Öl oder Fett darin erhitzen. Wenn das Öl den Rauchpunkt erreicht, den Teig hineingießen und zudecken.
4. Ein paar Glutstücke auf den Deckel legen. Nach 20 Minuten Backzeit vorsichtig den Deckel anheben und nachschauen. Schnell wieder zudecken und weiter backen, bis er goldbraun ist.
5. Mit einer Grillzange aus der Pfanne heben und in Portionen schneiden.

CHILI CON CARNE

Kommt immer gut an. Am besten beizeiten damit anfangen und hoch oben über dem Feuer warmhalten, ohne dass es austrocknet. Durch längeres Kochen kann sich der Geschmack gut entfalten.

ZUTATEN

ergibt 4 Portionen

2 mittelgroße Zwiebeln
2 Staudensellerie-Stangen
2 mittelgroße Karotten
3 Knoblauchzehen
3 EL Öl
500 g Hackfleisch vom Rind oder Wild
2 EL Balsamessig
1 EL Tomatenmark
1 TL Chilipulver
1 TL gemahlener Kreuzkümmel (Cumin)
250 ml Rotwein (falls vorhanden)
400 g Kidneybohnen aus der Dose
800 g Tomatenstücke aus der Dose (2 Dosen à 400 g)
2 TL Honig
Salz und gemahlener schwarzer Pfeffer nach Belieben
Naturjoghurt (falls vorhanden) zum Verfeinern
weißer Reis ohne alles (siehe S. 147) als Beilage

ZUBEREITUNG

1. Das Gemüse und den Knoblauch schälen und fein würfeln.
2. Einen Dutch Oven bei niedriger Hitze erwärmen, die Hälfte des Öls zugeben und die Zwiebeln, den Sellerie, die Karotten und den Knoblauch 15 Minuten dünsten, bis die Zwiebeln und der Knoblauch glasig sind.
3. Das restliche Öl in einer Bratpfanne erhitzen und nach und nach jeweils nur eine kleine Menge Hackfleisch anbraten und zum gedünsteten Gemüse geben.
4. Gut durchmengen und den Balsamessig, das Tomatenmark, das Chilipulver und den Kreuzkümmel einrühren. Ist etwas Rotwein zur Hand, diesen jetzt hinzugeben. Ist aber nicht zwingend erforderlich.
5. Die Kidneybohnen und die Tomatenstücke hinzugeben und umrühren.
6. Abgedeckt bei mittlerer Hitze 1 Stunde schmoren lassen. Die Soße dickt dabei ein, darf aber nicht komplett trocken kochen.
7. Mit Salz und Pfeffer abschmecken. Eventuell bitteren Geschmack mit Honig abmildern.
8. Einfachen weißen Reis dazu reichen und, falls vorhanden, Naturjoghurt zum Verfeinern anbieten.

COTTAGE PIE

Ein köstliches herzhaftes Gericht, allseits beliebt, besonders nach einem anstrengenden Tag. Einmal habe ich es in der Wildnis Nordaustraliens gekocht – es war ein harter Tag, die ganze Zeit unterwegs, die Stimmung war angespannt und Frust machte sich breit. Vorbereitende Aufgaben und das Schälen habe ich delegiert, um den entmutigten Gemütern neuen Ansporn zu geben. Ich selbst nahm mich etwas zurück und kümmerte mich einfach nur so ums Feuer. Als unsere gigantische Cottage Pie dann vertilgt war, waren zwar alle immer noch erschöpft, aber jetzt nunmehr fröhlich und Witze machten die Runde. Essen hat tatsächlich eine heilende Wirkung.

ZUTATEN

ergibt 4 Portionen

1 Zwiebel
2 Karotten
2 Staudensellerie-Stangen
2 Knoblauchzehen
2 EL Öl
1 Rosmarin-Zweig beziehungsweise dessen abgezupfte und gehackte Blätter
2 TL Worcestershire-Sauce
500 g Hackfleisch vom Rind oder Wild
1 EL Mehl
500–750 ml Rinderfond (siehe S. 218)
ca. 750 g Kartoffeln
2 EL Butter
3 EL Milch
Salz und gemahlener schwarzer Pfeffer nach Belieben

ZUBEREITUNG

1. Das Gemüse und den Knoblauch schälen und fein würfeln.

2. Das Öl im Dutch Oven erhitzen, das Gemüse hineingeben und ca. 15 Minuten andünsten, bis die Zwiebel und der Knoblauch glasig sind.

3. Den Rosmarin und die Worcestershire-Sauce hinzufügen, dann das Hackfleisch unterrühren, sodass es schön zerfällt und keine Klümpchen bildet. Gründlich anbraten, bis es durchgebräunt ist.

4. Das Mehl darüber stäuben und unterrühren. Mit Rinderfond soweit auffüllen, dass das Fleisch nur knapp bedeckt ist. Köcheln lassen und währenddessen das Kartoffelmus zubereiten.

5. Die Kartoffeln schälen und kleinschneiden, dann in einem Topf mit leicht gesalzenem Wasser 10–15 Minuten kochen, bis sie weich sind. Gründlich abgießen und 1 Minute lang den Dampf entweichen lassen, dann pürieren. Die Butter, die Milch und etwas Salz und Pfeffer hinzufügen und alles miteinander verrühren.

6. Eine dicke Schicht Kartoffelpüree auf dem Fleisch verteilen und mit der Gabel ein ansprechendes Muster mit lauter kleinen Rippen kreieren.

7. Den Dutch Oven schließen und bei mittlerer Hitze 30 Minuten schmoren. Zum Schluss Glut auf den Deckel legen, damit die Kartoffelmusrippen bräunen. Glut auf dem Deckel erzeugt ordentlich Oberhitze im Dutch Oven. 3–4 Minuten so belassen, dann ist die Cottage Pie fertig.

WILDBOLOGNESE

Traditionell wird eine Bolognese ohne Kräuter zubereitet, aber ich muss gestehen, mir schmeckt sie besonders gut, wenn ich etwas Rosmarin zum Gemüse dazugebe. Das Geheimnis einer guten Bolognese liegt in der Einfachheit und dem langsamen Kochen der Soße. Ein Dutch Oven ist dafür perfekt geeignet.

ZUTATEN

ergibt 4 Portionen

1 Zwiebel
2 Karotten
2 Staudensellerie-Stangen
2 Knoblauchzehen
ein paar Streifen Pancetta oder Schinkenspeck
2 EL Öl
1 Rosmarinzweig beziehungsweise dessen abgezupfte und gehackte Blätter
2 EL Tomatenmark
500 g Hackfleisch vom Wild oder Rind
250 ml Rotwein (falls vorhanden) oder zusätzlichen Fond in gleicher Menge
500–750 ml Rinder- oder Hühnerfond (siehe S. 217 und 218)
ca. 300 g Spaghetti
Salz und gemahlener schwarzer Pfeffer nach Belieben
geriebener Käse und frisches gehacktes Basilikum zum Bestreuen

ZUBEREITUNG

1. Das Gemüse und den Knoblauch schälen und fein hacken. Pancetta oder Schinkenspeck würfeln.
2. Das Öl in einem großen Kochtopf oder im Dutch Oven erhitzen und Pancetta beziehungsweise Schinkenspeck darin anbraten.
3. Die Gemüse, den Knoblauch, den Rosmarin und das Tomatenmark hinzugeben und alles ca. 15 Minuten schmoren lassen, bis es gerade beginnt braun zu werden.

4. Das Hackfleisch hinzugeben und gleichmäßig anbraten, bis es durchweg gebräunt und die ausgetretene Flüssigkeit verkocht ist.
5. Mit einer Tasse Brühe oder, falls vorhanden, Wein ablöschen. Mit so viel Brühe auffüllen, bis das Fleisch knapp bedeckt ist, eine gute Prise Salz und Pfeffer dazugeben und bei niedriger Hitze langsam schmoren lassen, etwa 1 Stunde oder auch länger, bis zur gewünschten Konsistenz.
6. Abschmecken und bei Bedarf nachwürzen.
7. Während die Soße einkocht, Spaghetti in einen Topf mit leicht gesalzenem kochendem Wasser geben und ca. 10 Minuten lang beziehungsweise al dente kochen.
8. Die Spaghetti mit der Soße obenauf und mit etwas geriebenem Käse (wenn möglich Parmesan) bestreut und etwas gehacktem frischem Basilikum servieren.

Tipp des Kochs

Falls gewünscht, kann die Karotte zuerst mit einem Sparschäler geraspelt und dann sehr fein gehackt werden.

TOAD-IN-THE-HOLE

Die „Kröte im Loch“ steht für Würstchen in Teig, jedoch „Würstchen im Schlafrock“ trifft es nicht ganz - es sei denn, man stört sich nicht daran, dass hier mehrere Würstchen nebeneinander im Teigbett liegen ... Draußen in der Natur werden Würstchen normalerweise gegrillt, in der Pfanne gebraten oder auf Bratspieße gesteckt über die Glut gehalten. Dieses klassische Rezept der englischen Küche bietet hingegen ein kräftiges, herzhaftes Mahl, mit dem Sie Eindruck machen werden. Und dessen Zubereitung so einfach ist ... seltsam eigentlich, dass es nicht öfter draußen am Feuer zubereitet wird. Ich überrasche meine geschäftigen Camp-Mitbewohner gerne damit, wenn sie erschöpft sind, besonders bei kühler oder feuchter Witterung.

ZUTATEN

ergibt 4 Portionen

ca. 12 Chipolatas oder 8 gr. Würstchen
Öl zum Braten
4 EL Eipulver oder 2 Eier
3 EL Milchpulver oder 200 ml Milch
ca. 250 ml Wasser, sofern Milch- und Eipulver verwendet wird
ca. 125 g Mehl
1 EL getrockneter Thymian oder Rosmarin (falls vorhanden), Salz und gemahlener schwarzer Pfeffer nach Belieben
Bratensoße zum Servieren (ohne Bratensatz zubereitet, siehe S. 219)

ZUBEREITUNG

1. Einen großen, als Bratpfanne verwendbaren Topfdeckel auf einem Dreifuß oder Einsatzrost im Inneren des vorgeheizten Dutch Ovens platzieren, darin das Öl erhitzen und die Chipolatas beziehungsweise die Würstchen von allen Seiten über mittlerer Hitze goldbraun braten.
2. In der Zwischenzeit den Teig anrühren: Das Ei- und das Milchpulver mit dem Wasser beziehungsweise die Eier und die Milch verrühren.
3. Das Mehl nach und nach in kleinen Mengen einrühren, bis der Teig die Konsistenz von dicker Sahne hat. Je nach Bedarf etwas mehr Milch/Wasser oder Mehl dazugeben. Mit Salz und Pfeffer abschmecken und, falls man mag, auch mit etwas getrocknetem Thymian oder Rosmarin.
4. Wenn die Chipolatas ca. 15 Minuten oder die Würstchen 25 Minuten gebraten wurden und rundherum goldbraun sind, den Teig darübergießen, sodass die Würstchen im Topfdeckel darin eingebettet sind.
5. Zugedeckt weitere 25–30 Minuten backen, bis der Teig aufgegangen und goldbraun ist. Servieren und Bratensoße dazu reichen.

Tipp des Kochs
Wenn die Zeit drängt, die Würstchen vor dem Braten längs halbieren.

CONEJO A LA CAZADORA – SPANISCHES KANINCHEN NACH JÄGERART

Dieses reichhaltige Tomatengericht ist eine köstliche Zubereitungsvariante für Kaninchen, das hier so richtig in Szene gesetzt wird. Mit Hühnchen funktioniert das Rezept ebenso gut. Wie bei allen Gerichten dieser Art muss man den Topf, sobald das Fleisch angebraten ist, vom Feuer nehmen und bei geringer Hitze weiterschmoren lassen, sodass sich eine ordentliche Basis für die Soße entwickeln kann, ehe sie abgelöscht wird.

ZUTATEN

Ergibt 4 Portionen

1 Kaninchen
6 Knoblauchzehen
1 grüne Gemüsepaprika
1 große Karotte
1 EL Olivenöl
1 Lorbeerblatt
2 Thymianzweige
2 EL Tomatenmark
250 ml Rot-/Weißwein oder Hühnerfond (siehe S. 217)
400 g Tomatenstücke aus der Dose
Wasser
eine Handvoll grüne Bohnen
Salz und gemahlener schwarzer Pfeffer nach Belieben
Salzkartoffeln als Beilage

ZUBEREITUNG

1. Das Kaninchen vierteln und von allen Seiten würzen. Den Knoblauch schälen und fein hacken, die Paprikaschote entkernen und würfeln, die Karotte schälen und in 6 mm große Würfel schneiden.
2. In einem großen Topf oder einem Dutch Oven das Öl erhitzen und den Knoblauch mit dem Lorbeerblatt ein paar Minuten weich und glasig dünsten.
3. Das Kaninchen dazugeben und unter ständiger Bewegung von allen Seiten anbraten.
4. Die Paprika, die Karotte, den Thymian und das Tomatenmark hinzufügen und ein paar Minuten dünsten lassen.
5. Mit 1 Tasse Wein oder Brühe ablöschen. Die Tomatenstücke hinzugeben und mit Wasser auffüllen, bis das Fleisch knapp bedeckt ist.
6. Bei mittlerer Hitze etwa 20 Minuten schmoren lassen, bis das Kaninchen zart und die Soße wie gewünscht eingedickt ist.
7. Zum Schluss die grünen Bohnen in 2 cm lange Stücke schneiden und zur Soße geben. Ca. 10 Minuten köcheln lassen, bis sie weich sind.
8. Zu diesem Schmorgericht Salzkartoffeln reichen.

WILD-*POTJIEKOSIS*

Der gusseiserne *Potjie* ist ein toller Kochtopf, oder besser gesagt Schmorkessel. Wer sich erst einmal an ihn gewöhnt hat, wird feststellen, dass in diesem Topf nahezu jede Zutat eine Verwandlung erfährt, die beinahe an Zauberei grenzt. Dieses einfache Gericht ist inspiriert von den *Potjies*, die an den *Ossewa*, den Ochsenkarren der Voortrekker, zwischen den Achsen baumelten.

ZUTATEN

Ergibt 4 Portionen

1 große Zwiebel
4 mittelgroße Kartoffeln
4 mittelgroße Karotten
4 EL Öl
500 g bestes Bratenfleisch vom Wild (oder Rind)
2 EL Worcestershire-Sauce oder Balsamessig
4 EL Chutney (falls zu bekommen: Mrs H.S.Ball's Chutney – sorgt für den authentischen, typisch südafrikanischen Geschmack)
500 ml Rinderbrühe (siehe S. 218) oder je 250 ml Rotwein und Rinderbrühe
6 mittelgroße Pilze
Salz und gemahlener schwarzer Pfeffer nach Belieben
knuspriges Krustenbrot zum Servieren

ZUBEREITUNG

1. Den Potjie über einem Glutbett auf mittlere Hitze erwärmen.
2. Das Gemüse schälen. Die Zwiebel grob hacken, die Kartoffeln und die Karotten in mundgerechte Stücke schneiden.
3. Das Öl im Potjie erhitzen, die Zwiebel hineingeben und ca. 15 Minuten glasig dünsten.
4. Das Fleisch hinzufügen und unter ständiger Bewegung von allen Seiten anbraten. Die Worcestershire-Sauce oder den Balsamessig, das Chutney und etwas Salz und Pfeffer dazugeben. Alles verrühren, sodass die Fleischstücke gut mit den Würzzutaten benetzt sind.
5. Die Karottenstücke über dem Fleisch und die Kartoffeln über den Karotten einschichten. Mit Brühe auffüllen.
6. Zugedeckt 1½ Stunden schonend bei sehr geringer Hitze schmoren. Gelegentlich nachsehen, ob noch genügend Flüssigkeit im Potjie ist.
7. Die Pilze hinzufügen und weitere 30 Minuten schmoren lassen.
8. Nachschauen, ob alle Schichten gar sind und wenn ja, mit knusprigem Krustenbrot servieren.

HÜHNCHEN-*POTJIEKOS*

***Potjiekos* mit Hühnchenfleisch** ist etwas Wunderbares – so schnell, so einfach, so köstlich. Wer noch nie ein Hühnchen-*Potjiekos* zubereitet hat, der hat nicht draußen gekocht!

ZUTATEN

Ergibt 4 Portionen

1 mittelgroße Zwiebel
2 große Karotten
4 mittelgroße Süßkartoffeln
4 EL Öl
4 Hähnchenoberschenkel
2 Lorbeerblätter
190 g getrocknete Aprikosen
2 Maiskolben
250 ml Hühnerfond (siehe S. 217) oder Weißwein, Madeira oder Sherry
Salz und gemahlener schwarzer Pfeffer nach Belieben
weißer Reis ohne alles (siehe S. 147) als Beilage

ZUBEREITUNG

1. Die Zwiebel, die Karotten und die Süßkartoffeln schälen und grob in Stücke schneiden, während der Potjie bei mittlerer Hitze erwärmt wird.
2. Das Öl im Potjie erhitzen, die Zwiebel hineingeben und ca. 15 Minuten glasig dünsten.
3. Die Hähnchenoberschenkel mit der Haut nach unten hineinlegen und unter zweimaligem Wenden anbraten, bis sie beginnen braun zu werden.
4. Die Lorbeerblätter hinzufügen und dann die Karottenstücke über dem Hühnerfleisch und die Süßkartoffeln über den Karotten einschichten. Die getrockneten Aprikosen über die Süßkartoffeln streuen.
5. Die Maiskolben in 2,5 cm dicke Scheiben schneiden und über die anderen Zutaten legen. Mit Flüssigkeit auffüllen.
6. Bei geschlossenem Deckel und geringer Hitze 1 Stunde schmoren. Der Inhalt im Potjie darf nicht trockenfallen.
7. Nach 1 Stunde nachsehen, ob alle Schichten gar sind. Wenn ja, mit schlichtem weißem Reis servieren.

EIN HUHN ZERLEGEN

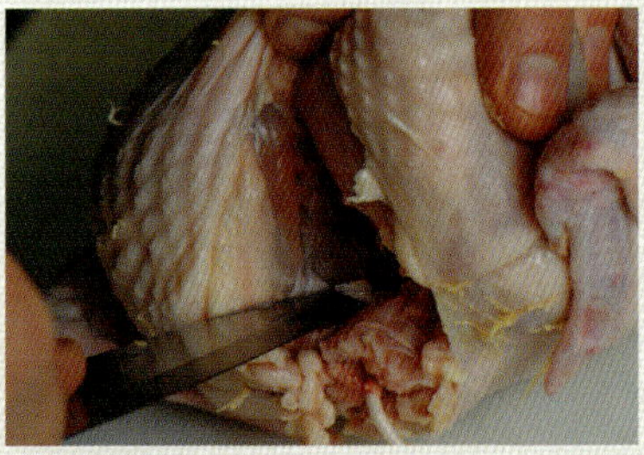

1. Mit dem Messerrücken das Fleisch vom Gabelbein schaben, sodass es freiliegt.

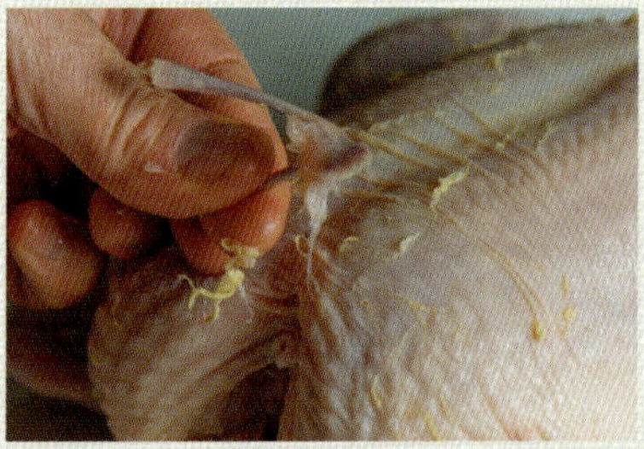

2. Das Ende der Gabeln durchtrennen, dann das Gabelbein nach oben heben, wodurch es sich leicht löst.

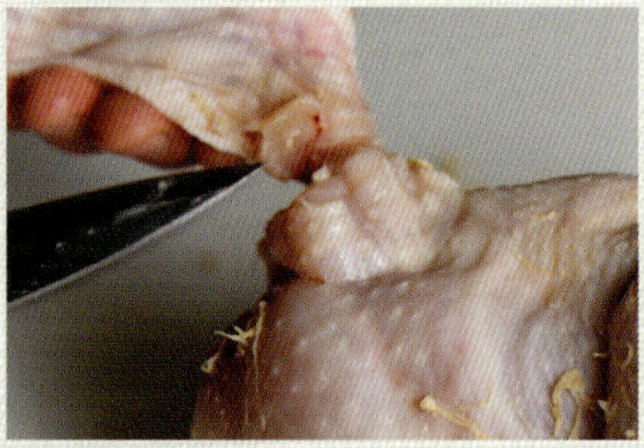

3. Mittig um den oberen Flügelknochen schneiden.

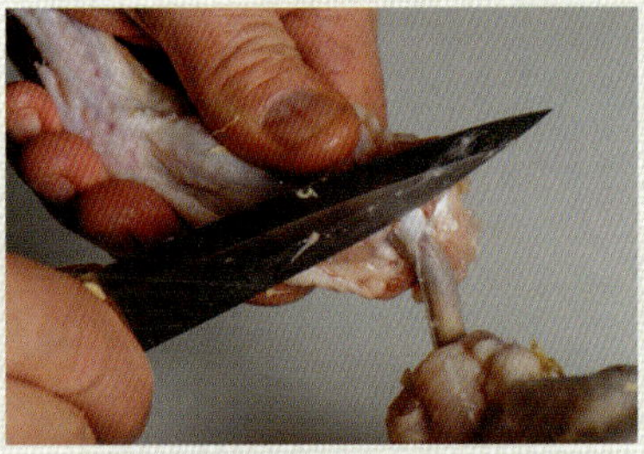

4. Das Fleisch in Richtung Ellbogengelenk vom Knochen schaben.

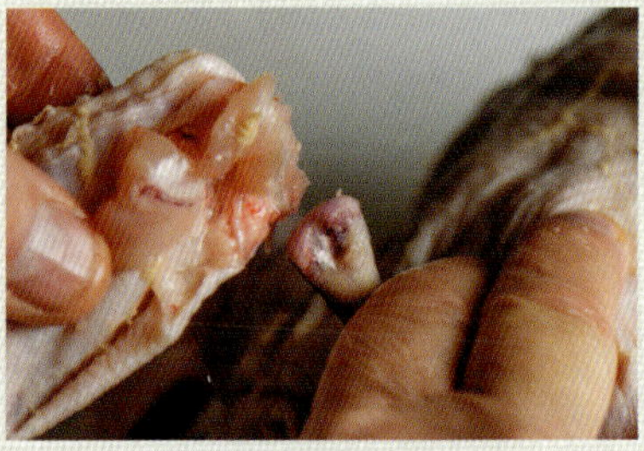

5. Gut abgeschabt lässt sich das Gelenk mühelos und sauber durchtrennen. Noch die Flügelspitze am Gelenk entfernen.

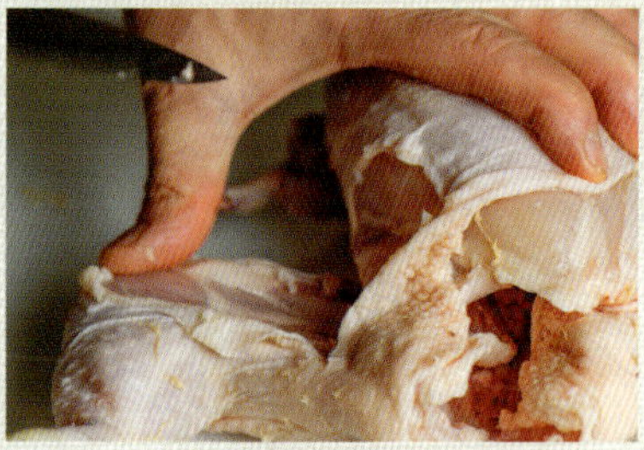

6. Die Schenkel einzeln abspreizen. Beim Durchschneiden so viel Haut wie möglich an der Brust belassen.

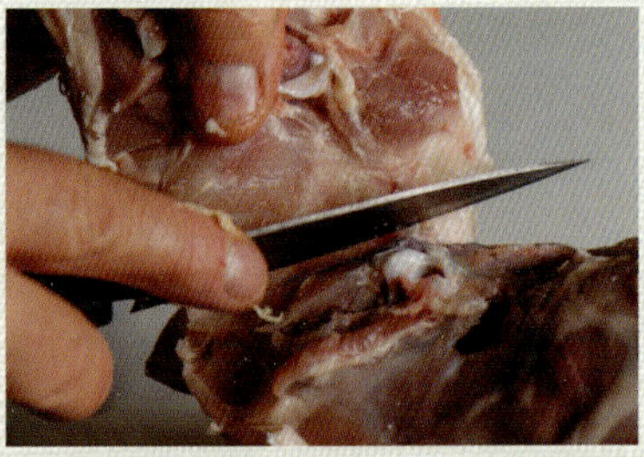

7. Der natürlichen Linie zwischen den Muskeln bis zum Kugelgelenk folgen, die verbindende Sehne durchschneiden.

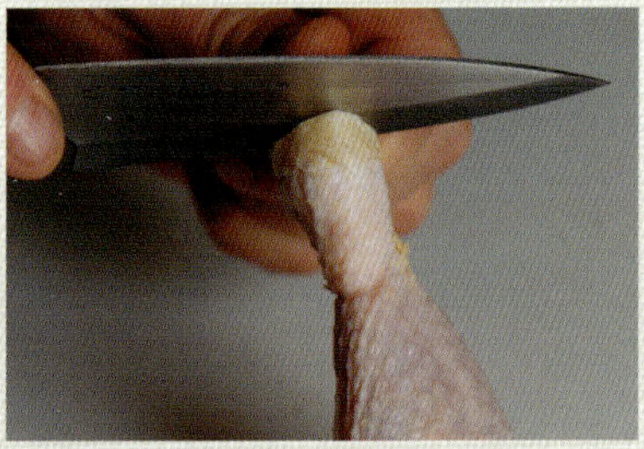

8. Am Beingelenk den Knorpel durchschneiden.

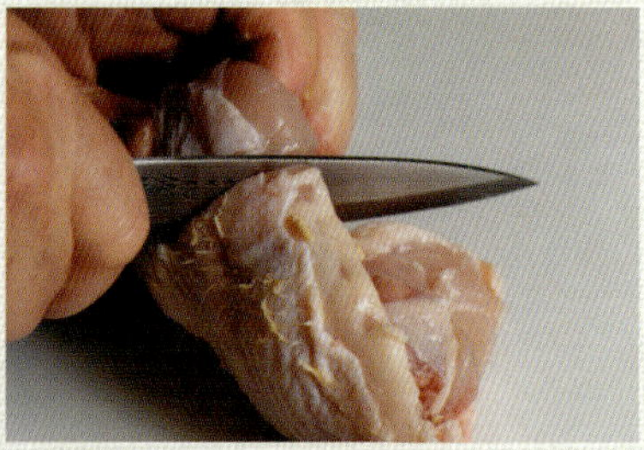

9. Das versteckte Kniegelenk ertasten und sauber durchschneiden, um den Unter- vom Oberschenkel zu trennen.

10. Wenn es gut gemacht wurde, sieht der Unterschenkel nun so aus.

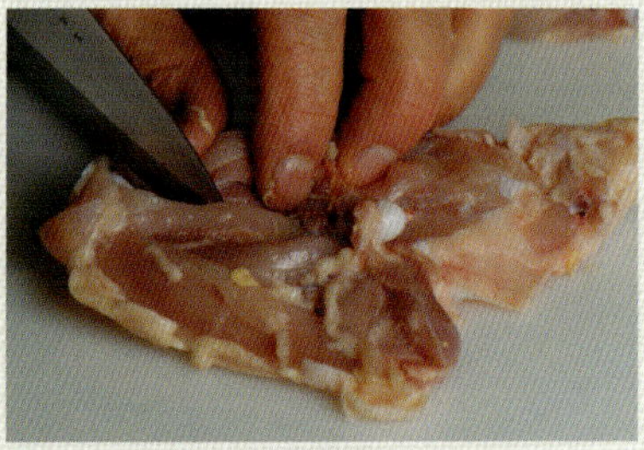

11. Den Oberschenkelknochen mit der Messerspitze freilegen und entfernen.

12. Auf beiden Seiten des Brustbeins möglichst nah am Knochen entlangschneiden, um die beiden Brüste abzutrennen.

Wenn alles richtig gemacht wurde, liegen nun acht klassische Teilstücke vor: 2 Flügel, 2 Unterschenkel, 2 Oberschenkel und 2 Brüste. Alles andere wandert in den Suppen- beziehungsweise Brühetopf.

CURRY NACH GURKHA-ART

Wie immer beim Kochen, gelingt ein Rezept am besten, wenn nur besonders frische Zutaten zum Einsatz kommen. Hier braucht man jedoch keine Skrupel zu haben, es auch mit getrockneten Gewürzen und Tomaten aus der Dose zu versuchen.

ZUTATEN

Ergibt 4 Portionen

ca. 500 g Hähnchenoberschenkel ohne Haut und Knochen oder beliebiges anderes Fleisch
1 mittelgroße Zwiebel
2 Knoblauchzehen
ein 2,5 cm großes Stück frische Ingwerwurzel
1 frische grüne Chilischote, entkernt und fein gehackt, oder ¼ TL Chilipulver
4 EL Pflanzenöl
½ Zimtstange
4 Nelken
4 Kardamomkapseln
½ TL gemahlene Kurkuma
1 EL Garam Masala (wer es würzig mag, nimmt mehr)
4 Tomaten, in Stücke geschnitten, oder 400 g Dosentomaten
eine Prise Zucker, sofern Dosentomaten verwendet werden
2 EL Tomatenmark
Wasser bei Bedarf
Salz und gemahlener schwarzer Pfeffer nach Belieben
weißer Reis ohne alles (siehe S. 147) als Beilage

ZUBEREITUNG

1. Das Fleisch in mundgerechte Stücke schneiden. Die Zwiebel schälen und würfeln, den Knoblauch schälen und zerdrücken, den Ingwer schälen und reiben. Die Chilischote entkernen und fein hacken.

2. Das Öl in einer gusseisernen Pfanne zusammen mit dem Stangenzimt, den Nelken und den Kardamomkapseln leicht erhitzen.

3. Wenn der Duft der Gewürze aus der Pfanne aufsteigt, das Fleisch hineingeben und gut anbräunen.

4. Die Zwiebelwürfel hinzugeben und ca. 15 Minuten braten, bis sie weich und goldbraun sind.

5. Den Knoblauch, den Ingwer, die Kurkuma, das Garam Masala und die gehackte Chili beziehungsweise das Chilipulver dazugeben. Die ganze Zeit umrühren, damit nichts anbrennt.

6. Die Tomatenstücke, den Zucker, sofern verwendet, und das Tomatenmark hinzufügen. Falls es sich zu trocken anfühlt, einen Spritzer Wasser dazugeben.

7. Zugedeckt 10–15 Minuten köcheln, dann abschmecken und nachwürzen. Bei Verwendung von Dosentomaten eventuell auch noch mit etwas Zucker.

8. Vom Feuer nehmen und 5 Minuten ruhen lassen. Vor dem Servieren überprüfen, ob das Fleisch gar ist. Zum Curry einfachen weißen Reis reichen.

VARIATION

Wer es vegetarisch mag, ersetzt einfach das Huhn beziehungsweise das Fleisch durch Gemüse wie Auberginen, Kartoffeln, Zucchini, Gemüsepaprika oder was eben gerade zur Hand ist, gegebenenfalls geschält und entkernt und in mundgerechte Stücke geschnitten.

RENDANG-CURRY

Dieses langsam gegarte, gemeinhin als **„König der Currys“** bezeichnete Gericht ist ein wahres Wunder an Aromen und Geschmack. Normalerweise wird es mit eher billigen und zähen Fleischstücken zubereitet, die während des langsamen Garens zerfallen und all die herrlichen Gewürze in sich aufnehmen. Ich hingegen werte das Gericht gerne auf, indem ich bestes, für Schmorbraten geeignetes Wild oder Rind verwende, was eine kürzere Garzeit zur Folge hat. Aber letztendlich kann man jedes beliebige Fleisch nehmen, wobei rotes Fleisch zu bevorzugen ist und fettigeres länger garen kann. Wer mag, kann die härteren Gewürze herausnehmen, ich lasse sie gern drin – das bleibt jedem selbst überlassen.

ZUTATEN

Ergibt 4 Portionen

500 g bestes Bratenfleisch vom Wild oder Rind
Malaysisches Currypulver für Fleisch (empfohlene Menge siehe Packungsanleitung – Achtung, kann extrem scharf sein!)
5 Schalotten oder 1 mittelgroße Zwiebel
ein 5 cm langes Stück frische Ingwerwurzel
3 Zitronengras-Stängel
3 EL Öl
1 Zimtstange
4 Sternanis
eine Prise Salz
120 g Kokosraspeln
Wasser
1 EL Palmzucker oder Honig
Reis als Beilage

ZUBEREITUNG

1. Die Fleischstücke in Currypulver wälzen und 1 Stunde marinieren.
2. Die Schalotten beziehungsweise die Zwiebel schälen und hacken beziehungsweise würfeln, den Ingwer und das Zitronengras schälen und grob in Scheiben beziehungsweise Stücke schneiden.
3. Das Öl bei mittlerer Hitze in einer gusseisernen Pfanne erhitzen, dann die Gewürze hinzufügen und wenn ihr Duft aus der Pfanne aufsteigt, die Zwiebel beziehungsweise die Schalotten dazugeben und ca. 15 Minuten glasig dünsten.
4. Das Fleisch hinzufügen und beim Anbraten permanent bewegen. Wenn es gebräunt ist, das Salz, den Ingwer und das Zitronengras dazugeben und 2 Minuten schmoren.
5. Den Topf höher hängen, um die Hitze zu reduzieren. Alles sanft schmoren, bis das Curry fast trocken ist (etwa 30 Minuten), dann Wasser angießen, damit es nicht anbrennt, aber auf keinen Fall so viel, dass das Fleisch bedeckt ist.
6. Zugedeckt 1 Stunde bei geringer Hitze schmoren. Nicht trockenfallen lassen, häufig nachsehen und jedes Mal umrühren.
7. In der Zwischenzeit Kerisek zubereiten, also die Kokosraspeln ohne Zugabe von Öl oder Fett trocken rösten, bis sie goldbraun sind. Dabei stets im Auge behalten, damit sie nicht anbrennen!
8. Sobald das Curry zur gewünschten Konsistenz eingekocht ist, abschmecken und nach Belieben mit einer weiteren Prise Salz und etwas Palmzucker oder Honig nachwürzen.
9. Kerisek hinzugeben und gut unterrühren. Bei allerkleinster Hitze 10 Minuten köcheln lassen. Bei Verwendung eines Dutch Ovens einfach von der Glut nehmen.
10. In der Zwischenzeit Reis zubereiten und dann alles zusammen servieren.

BIERBROT

Ein klassisches Rezept aus dem australischen Outback. Ich habe längst aufgehört zu zählen, wie oft ich es über die Jahre schon zubereitet habe. Es ist schnell und einfach gebacken, schmeckt wunderbar und wird immer gerne genommen – besonders mit Butter, Zuckerrübensirup und einem Becher *Billy Tea*.

ZUTATEN

ergibt 1 Brotlaib

250 g Mehl, plus Mehl zum Bestäuben
2 TL Backpulver
½ TL Salz
ca. 175 ml Bier

ZUBEREITUNG

1. Die trockenen Zutaten gut mischen und nach und nach kleine Mengen Bier hinzugeben, bis der Teig ordentlich zusammenhält. Das Bier sorgt für einen Geschmack, der an Brot aus Hefeteig erinnert.
2. Etwas Mehl auf den Boden eines vorgeheizten Dutch Ovens stäuben – eine 2–3 mm dicke Schicht genügt.
3. Den Teigklumpen im Ganzen in den Dutch Oven legen und mit einem scharfen Messer die Oberseite des Teigs kreuzweise einritzen.
4. Das Brot wird bei geschlossenem Deckel im Topf gebacken, der umgeben ist von Glut. Das restliche Bier dazugießen. Nach 30–40 Minuten nach dem Brot sehen.
5. Sobald sich die Backzeit dem Ende nähert, Glut auf den Deckel legen, damit eine schöne Kruste entsteht.
6. Stäbchenprobe: Einen Holzspieß in das Brot stecken und wieder herausziehen. Wenn kein Teig am Holz klebt, den Topf aus der Hitze nehmen, den Laib herausstürzen und vor dem Servieren etwas ruhen lassen … wobei kaum jemand die Geduld aufbringen wird, das Brot sonderlich abkühlen zu lassen.

KEIN KNETEN - DAS BROT FÜR ALLE FÄLLE

Jim Lahey, der Gründer der *Sullivan Street Bakery* in Hell's Kitchen, einer Gegend in Manhattan, hat sich dieses geniale Rezept ausgedacht. Ein Brot für alle Fälle deshalb, weil man in der Feldküche praktisch kein anderes Brotrezept braucht. Den Teig setze ich gerne am späten Nachmittag an und lasse ihn an einem geschützten Ort, z. B. in einer Aufbewahrungskiste oder im Vorraum eines Zelts, über Nacht gehen. Bei kühler Witterung sollte man die Schüssel nicht direkt auf den kalten Boden stellen, sondern auf zwei Brennholzscheite, oder in einen Mantel einwickeln. Am festen Lagerplatz geht dieses Brot immer weg wie warme Semmeln ... oder wie geschnitten Brot.

ZUTATEN

ergibt 1 Brotlaib

375 g kräftiges Weißbrotmehl sowie Mehl zum Bestäuben
½ TL schnell wirkende Trockenbackhefe
1½ TL Salz
330 ml Wasser

ZUBEREITUNG

1. Die trockenen Zutaten gut mischen, dann das Wasser dazugeben und zügig untermengen.
2. Die Rührschüssel mit dem Teig abgedeckt über Nacht idealerweise 12 Stunden gehen lassen.
3. Den Teig auf eine leicht gemehlte Arbeitsfläche legen, etwas flachdrücken, von links und rechts, dann von oben und unten her einschlagen.
4. Ein sauberes Geschirrtuch oder ein großes Baumwolltuch mit Mehl bestäuben und den Teig mit der eingeschlagenen Seite nach unten darauflegen. Die Oberseite des Teigklumpens ebenfalls mit Mehl bestäuben und das Tuch darüberschlagen.
5. An einem warmen Ort gehen lassen - stürzt man noch die Rührschüssel verkehrt herum über den eingeschlagenen Teig, dürfte dieser ausreichend vor Wind und Wetter geschützt sein. Während dieser Zeit den Dutch Oven vorbereiten und sehr stark erhitzen.
6. Den Teig auswickeln, wieder umdrehen und in den Dutch Oven legen.
7. Rund um den Topf Glut platzieren und das Brot 30 Minuten backen.
8. Den Deckel 2 Minuten lang anheben und nach dem Brot sehen. Wieder zudecken und Glut auf den Deckel legen, damit sich eine braune Kruste bildet - etwa 10 Minuten. Während dieser Zeit unbedingt erneut nach dem Brot sehen.
9. Das Brot aus dem Dutch Oven nehmen und vor dem Aufschneiden etwas abkühlen lassen.

VOLLKORNBROT

Für die Vollkornvariante folgende Zutaten verwenden und die Backzeit um 5–10 Minuten verlängern.

ZUTATEN:
250 g Roggen- oder Vollkornbrotmehl
125 g kräftiges Weißbrotmehl, plus Mehl zum Bestäuben
½ TL schnell wirkende Trockenbackhefe
1½ TL Salz
375 ml Wasser

KEIN KNETEN, KEIN WARTEN – DAS BROT FÜR SCHNELLE FÄLLE

Wenn Eile geboten ist, nehme ich dasselbe Rezept wie für das Brot für alle Fälle (siehe S. 193), verwende allerdings warmes Wasser versetzt mit ¼ TL Ascorbinsäure (Vitamin C). Das beschleunigt die Gehzeit und erhöht das Volumen des Teigs. Ist keine zur Hand, behilft man sich mit sehr warmem Wasser (50 °C) oder einem zusätzlichen ½ TL Hefe.

ZUTATEN

ergibt 1 Brotlaib

375 g kräftiges Weißbrotmehl sowie Mehl zum Bestäuben
½ TL schnell wirkende Trockenbackhefe
¼ TL Salz
½ TL Ascorbinsäure
375 ml warmes Wasser

ZUBEREITUNG

1. Die trockenen Zutaten gut vermischen, dann das Wasser dazugeben und zügig untermengen.
2. Die Schüssel abdecken, in einer Jacke oder einem Pullover warm einwickeln und 3–6 Stunden gehen lassen. Bei kalter Witterung lasse ich die Rührschüssel mit dem Teig in einer zweiten, mit warmem (nicht heißem) Wasser gefüllten Schüssel schwimmen und decke beide mit einem Pulli oder Mantel ab. So entsteht für den Hefeteig die perfekte Gärumgebung, die den Unwägbarkeiten der Wildnisküche trotzen kann.
3. Den Teig auf eine leicht gemehlte Fläche stürzen, leicht flachdrücken und erst von links und rechts, danach dann von oben und unten her einschlagen.
4. Ein sauberes Geschirrtuch oder ein großes Baumwolltuch mit Mehl bestäuben und den Teig mit der eingeschlagenen Seite nach unten darauflegen. Die Teigoberseite ebenfalls mit Mehl bestäuben und das Tuch darüberschlagen.
5. An einem warmen Ort gehen lassen – stürzt man noch die Rührschüssel verkehrt herum über den eingeschlagenen Teig, ist dieser ausreichend vor Wind und Wetter geschützt. Währenddessen den Dutch Oven vorbereiten und stark erhitzen.
6. Den Teig auswickeln, wieder umdrehen und in den Dutch Oven legen.
7. Rund um den Dutch Oven Glut platzieren und das Brot 30 Minuten backen.
8. Den Deckel 2 Minuten lang anheben und nach dem Brot sehen. Wieder zudecken und Glut auf den Deckel legen, damit sich eine Kruste bildet – etwa 10 Minuten. Dabei immer wieder nach dem Brot sehen.
9. Das Brot aus dem Dutch Oven nehmen und vor dem Aufschneiden abkühlen lassen.

DER VORTEIL VON BROTTEIG, DEN MAN NICHT KNETEN MUSS

Das Reisen an entlegene Orte erfordert nun einmal Energie und strengt an, das weiß jeder – der Gedanke, auch noch einen Brotteig kneten zu müssen, fällt da kaum mehr ins Gewicht. Der Vorteil dieser Rezepte liegt also nicht darin, dass man sich nicht anstrengen muss. Er liegt darin, dass man keine Fläche, keine Unterlage zum Kneten benötigt. Mit etwas Sorgfalt lässt sich so ein Teig komplett in der Schüssel zubereiten und auf einem sauberen Tuch fertigstellen, das man über eine Isomatte breitet.

DINKELBROT AUS DEM DUTCH OVEN

Dinkelmehl enthält zwar ebenso Gluten wie herkömmliches Weizenmehl, aber in einer anderen Zusammensetzung, außerdem mehr Proteine und je nach Type auch einige Vitalstoffe mehr. Kein Wunder, dass viele, die Wert auf gesunde Ernährung legen, lieber Dinkelprodukte wählen. Mich hingegen lockt der rustikale Charme des Dinkelbrots, das köstlich nussige, ja beinahe erdige Aroma.

ZUTATEN

ergibt 1 Brotlaib

500 ml warmes Wasser
1 TL schnell wirkende Trockenbackhefe
1 EL Honig (falls vorhanden)
375 g Dinkelmehl, plus Mehl zum Bestäuben
1 TL Salz
2 EL Öl

ZUBEREITUNG

1. Das Wasser, die Hefe und, sofern verwendet, den Honig verrühren. Ich nehme hier immer warmes Wasser.
2. In einer Rührschüssel das Mehl, das Salz und das Öl vermengen. Das Hefe-Wasser-Gemisch hinzufügen und gut verrühren.
3. Die Schüssel mit einem sauberen Tuch abdecken und über Nacht an einem geschützten Ort gehen lassen.
4. Den Teig auf eine leicht gemehlte Arbeitsfläche geben, etwas flachdrücken und die Ränder einschlagen. Wenden und mit den Händen zu einer Kugel formen, indem die Handunterkanten bei jeder Drehung den Teig ein Stück nach innen schlagen.
5. Die Rührschüssel über den Teig stülpen und ca. 1 Stunde gehen lassen.
6. Währenddessen das Feuer vorbereiten und den Dutch Oven erhitzen. Eine 2–3 mm dicke Schicht Mehl auf den Topfboden stäuben.
7. Die Rührschüssel vom Teig nehmen. Der Teig sollte auf das doppelte Volumen aufgegangen sein. Eine Raute oder ein anderes Muster in die Oberfläche ritzen, damit die Kruste, wenn das Brot beim Backen aufgeht, gleichmäßig aufreißt.
8. Den Teig in den Dutch Oven legen, Deckel drauf und rundherum Glut platzieren. 25–30 Minuten backen, dann nachsehen. Zum Bräunen der Kruste etwas Glut auf den Deckel legen und weitere 5–10 Minuten backen.
9. Das Brot aus dem Dutch Oven nehmen und vor dem Aufschneiden etwas abkühlen lassen.

PIZZA

Pizza muss ich nicht vorstellen, was mich aber wirklich überrascht, ist die Tatsache, wie bereitwillig wir zum vorgefertigten Pizzaboden greifen, wenn es doch so einfach ist, einen leckeren frischen Pizzateig selbst herzustellen. In der Feldküche am festen Lagerplatz macht das großen Spaß und alle Altersgruppen sind mit viel Elan dabei, wenn es darum geht, individuelle Ideen für den Belag auszuprobieren.

ZUTATEN

250 ml lauwarmes Wasser
1 TL schnell wirkende Trockenbackhefe
1 TL Zucker
375 g kräftiges Weißbrotmehl, plus Mehl zum Bestäuben
1 TL Salz
1 EL Olivenöl
Tomatenmark oder passierte Tomaten

ZUBEREITUNG

1. Das Wasser, die Hefe und den Zucker in einer kleinen Schüssel vermengen.
2. In einer Rührschüssel das Mehl und das Salz vermischen. Das Öl unterrühren, dann das Hefe-Wasser-Gemisch hinzugeben und alles gut mit den Fingerspitzen vermengen.
3. Den Teig in der Rührschüssel oder vorzugsweise auf einem leicht gemehlten Brett ca. 10 Minuten kneten, bis er elastisch ist und eine glatte Haut hat.
4. Die Rührschüssel mit einem Tuch abdecken und 1–2 Stunden an einem geschützten Ort gehen lassen, bis er sein Volumen verdoppelt hat.
5. Den Dutch Oven vorheizen.
6. Den Teig in kleinere Mengen aufteilen, die der Größe des Topfes entsprechen, und zu Kugeln rollen.
7. Eine Teigkugel plattdrücken und allmählich zu einer breiten flachen Scheibe ausarbeiten. Traditionell wird das mit den Händen in der Luft gemacht, aber wer das nicht draufhat, zieht, drückt und schiebt auf der Unterlage am Teig, bis dieser die gewünschte Größe hat.
8. Die Teigscheibe mit Tomatenmark oder passierten Tomaten bestreichen und dann nach Belieben belegen, den Rand jedoch freilassen.
9. Wer einen Feuertopf von Petromax oder ein ähnliches Dutch-Oven-Modell besitzt, kann die Pizza direkt auf der Innenseite des Topfdeckels backen, der Topf selbst wird dazu umgedreht und sozusagen als Backofenhaube über Deckel samt Pizza gestülpt. Andernfalls wird direkt im Dutch Oven gebacken oder auf einer Platte, die im Topf auf drei Steinen erhöht ruht.
10. Die Pizza erst 10–20 Minuten backen, ehe man nachsieht (damit die Hitze nicht aus dem Topf entweicht und die Temperatur sinkt).
11. Die Pizza mit einem Bratenwender aus dem Topf heben und die restlichen Teigkugeln auf dieselbe Weise ausrollen, belegen und backen.

BELAG KREATIV

Womit man eine Pizza belegt, hängt natürlich davon ab, was man zur Verfügung hat und was man gerne isst. Hier kreativ zu sein, macht großen Spaß. Nur eine goldene Regel ist zu beachten: Pizza NIEMALS überladen, denn dann wird sie womöglich matschig und der Belag nicht richtig gar.

BRENNNESSELQUICHE

Quiche ist wunderbar wandelbar und anpassungsfähig und zusammen mit einem Salat eine tolle Mahlzeit – besonders wenn der Salat ein paar leicht bittere Salatblätter enthält. Ansonsten wird eine Quiche gerne gewürzt und gefüllt mit Thymian, Pancetta, Schinkenspeck, Tomaten, Basilikum, Brokkoli, Wildpilzen, karamellisierten Zwiebeln, Garnelen, Mozzarella, Brie- oder Ziegenkäse ... Hier sind der Phantasie so gut wie keine Grenzen gesetzt.

ZUTATEN

ergibt 4–6 Portionen

Für den Teig:

250 g Mehl sowie Mehl zum Bestäuben
½ TL Salz
125 g Butter
3–4 EL kaltes Wasser
1 geschlagenes Ei oder 2 TL Eipulver vermischt mit 4 TL kaltem Wasser

Für den Belag:

1 Tasse frische Brennnesseltriebspitzen
125 g geriebener Cheddar-Käse
8 EL Eipulver
½ TL Salz
375 ml Kondensmilch oder 9 EL Milchpulver und 375 ml warmes Wasser

ZUBEREITUNG

1. Das Mehl für den Teig durchlüften, dazu locker in eine große Schüssel schütteln und das Salz unterrühren.
2. Die Butter würfeln, in das Mehl bröseln und behutsam vermengen, bis die krümelige Konsistenz von Streuseln entsteht. Wasser teelöffelweise dazugeben, bis der Teig gerade noch so zusammenhält.
3. Nur ganz kurz kneten, bis der Teig glatt ist. Nicht zu viel, sonst wird er gummiartig und zäh. Die Schüssel abgedeckt an einem kühlen Ort ruhen lassen (siehe S. 200).
4. Den Dutch Oven vorheizen.
5. Auf einer gut gemehlten Fläche den Teig mit einem ebenfalls gut gemehlten Nudelholz zu einem Kreis oder Viereck ausrollen, sodass er in die Backform passt – als Quicheform kann unter Umständen sogar ein tiefer, als Bratpfanne verwendbarer Topfdeckel dienen.
6. Die Backform samt Rand mit dem Teig auskleiden, den Teig mit dem Ei beziehungsweise der Eipulver-Wasser-Mischung bepinseln, überall mit einer Gabel leicht einstechen und mit ungekochtem Reis beschweren.
7. Den Teigboden 15 Minuten blind vorbacken (siehe S. 47), bis er leicht goldbraun ist.
8. In der Zwischenzeit den Belag vorbereiten. In einen mit kochendem Wasser halbvollen Topf die Brennnesseltriebe geben. Nach 1 Minute gut abseihen und dabei so viel Flüssigkeit wie möglich aus den Nesseln pressen. In ein sauberes Tuch geben und ausdrücken. Sind die Nesseln zu nass, durchweicht der Teig und die Quiche wird matschig. Nun die getrockneten Brennnesseln grob hacken (nachdem sie überbrüht wurden, brennen sie nicht mehr).
9. Den geriebenen Käse auf den Quicheboden streuen und die Nesseltriebe darauf verteilen.
10. Das Eipulver und das Salz in die Kondensmilch einrühren. Bei Verwendung von Milchpulver dieses mit dem Ei und dem Salz vermischen und mit einem Schneebesen in warmes Wasser einquirlen, bis das Ganze die Konsistenz von flüssiger Sahne hat.
11. Die Mischung auf den vorgebackenen und belegten Teigboden gießen.
12. Im Dutch Oven 30–40 Minuten backen, bis ein in der Mitte hineingesteckter und wieder herausgezogener Holzspieß trocken und sauber bleibt (Stäbchenprobe).

GEDECKTER APFELKUCHEN

Apfelkuchen, muss man da wirklich noch etwas sagen? Und draußen im Freien ruck, zuck im Dutch Oven bereitet. Mein Rezept ist von den Apple Pies des englischen Sprachraums inspiriert, aber die Füllung lässt bei solcherart pastetenartigem Gebilde viel Raum für Experimente und kann herzhaft oder süß ausfallen. Letztendlich wird die Reise in die Welt der Kuchen und Pasteten aber jeden immer wieder zum einfachen, jedoch köstlichen Apple Pie zurückführen.

ZUTATEN

ergibt 4–6 Portionen

Für den Teig

250 g Mehl, plus Mehl zum Bestäuben
½ TL Salz
½ TL Zucker
125 g Butter
3–4 EL kaltes Wasser
2 TL Eipulver und 2 TL Wasser zum Bestreichen

Für die Füllung

6–8 säuerliche Äpfel (Granny Smith oder ähnlich, in den Tropen grüne Mangos verwenden)
100 g brauner Zucker
2 EL Mehl
2 EL Zitronensaft
¼ TL geriebener Muskat
¼ TL gemahlener Ingwer

ZUBEREITUNG

1. Das Mehl für den Teig durchlüften, dazu locker in eine große Schüssel schütteln und das Salz und den Zucker unterrühren.
2. Die Butter würfeln, in das Mehl bröseln und behutsam vermengen, bis die krümelige Konsistenz von Streuseln entsteht. Wasser teelöffelweise dazugeben, bis der Teig gerade noch so zusammenhält.
3. Nur ganz kurz kneten, bis der Teig glatt ist. Nicht zu viel, sonst wird er gummiartig und zäh. Die Schüssel abgedeckt an einem kühlen Ort ruhen lassen. Kein kühler Ort vorhanden? Dann siehe Kasten.
4. Den Dutch Oven vorheizen.
5. Auf einer gut gemehlten Fläche den Teig mit einem ebenfalls gut gemehlten Nudelholz zu einem Kreis ausrollen, der in die Backform passt.
6. Für die Füllung die Äpfel schälen, in dünne Scheiben schneiden, den braunen Zucker, das Mehl, den Zitronensaft, den Muskat und das Ingwerpulver hinzufügen, gut verrühren und in eine Pie- oder Kuchenform geben.
7. Den Teig darüber decken und den Rand nach unten drücken. Das Eipulver und das Wasser für die Glasur vermischen und den Teig damit bestreichen. Mit der Messerspitze mehrmals in den Teigdeckel stechen, damit während des Backens Dampf entweichen kann.
8. Im Dutch Oven 50–60 Minuten backen, bis der Teig knusprig und goldbraun ist. Vor dem Servieren etwas abkühlen lassen.

TEIG UNTER UNTERSCHIEDLICHEN TEMPERATURBEDINGUNGEN

Bei warmer Witterung macht man den Teig am Abend vorher und lässt ihn über Nacht ruhen, da ist es kühler. Wenn es sehr heiß ist, sollte man einen Topf aus Metall oder die Rührschüssel über den Teig decken und ein nasses Tuch darüberlegen, sodass die Verdunstungskälte für Kühlung sorgt. Beizeiten aufstehen und die Quiche, Pastete oder den Kuchen in der morgendlichen Kühle fertigstellen.

CRUMBLE

Dieses klassische englische Dessert – mit Streuseln überbackene Früchte – ist in der Wildnisküche schnell und einfach gezaubert, ohne erst einen Teig herstellen zu müssen, der womöglich auch noch aufgehen soll. Zudem ist das Gericht unglaublich wandlungsfähig und, nicht zu vergessen, ausgesprochen lecker. Wer kann dazu schon nein sagen?

ZUTATEN

ergibt 4–6 Portionen

Für die Streuseln
200 g Mehl (für Rhabarber-Crumble die Hälfte des Mehls durch gemahlene Mandeln ersetzen)
75 g Butter
65 g brauner Zucker

Für die Fruchtmasse
Siehe Zubereitung

ZUBEREITUNG

1. Für die Streusel das Mehl in eine Schüssel geben, die Butter würfeln und mit den Fingerspitzen mit dem Mehl vermengen, bis es krümelig wird.
2. Den Zucker hinzugeben und weiter vermengen, bis alles gut vermischt ist und die typische Konsistenz von Streuselteig hat.

.

Rhabarber-Crumble

3. Hierfür kann einfachheitshalber auf Rhabarber aus der Dose/dem Glas zurückgegriffen werden. In diesem Fall einfach nur in ein geeignetes Gefäß, einen Topf oder einen tiefen Topfdeckel geben und gegebenenfalls nachsüßen. Wer hat und mag, gibt etwas gemahlenen Zimt dazu.
4. Bei der Verwendung frischen Rhabarbers ein paar Stangen abziehen und in Stücke schneiden, mit ein paar Löffeln Zucker vermengen und in einem Topf bei niedriger Hitze 15 Minuten köcheln. Die genaue Zuckermenge ist Geschmackssache. Die Stücke mit einem Löffel nach unten drücken, damit sie gleichmäßig garen. Nicht zu lange kochen, der Rhabarber soll stückig bleiben und nicht zerfallen. Sollte sich zu viel Saft bilden, diesen ablöffeln, damit die Masse nicht zu flüssig wird, oder ein paar Löffel gemahlene Mandeln einrühren, die den Saft aufsaugen und die Masse andicken. In eine Backform beziehungsweise ein feuerfestes Gefäß umfüllen.
5. Die Streusel obenauf verteilen, fest andrücken und das Ganze im vorgeheizten Dutch Oven 30 Minuten backen.

Crumble mit wilden Brombeeren oder wilden Himbeeren

3. Die Beeren in einen Topf oder einen tiefen Topfdeckel geben und mit etwas Zucker bestreuen.
4. Die Streusel obenauf verteilen, fest andrücken und das Ganze im vorgeheizten Dutch Oven 30 Minuten backen, bis die Streusel goldbraun sind.

VARIATION

Beim Streuselteig lässt sich die Hälfte des Mehls durch Haferflocken ersetzen, was eine gröbere, knubbelige Textur und einen nussigen Geschmack zur Folge hat.

SCHOKOLADENKEKSE

Kekse erfreuen sich in der freien Natur großer Beliebtheit, besonders bei anstrengenden Unternehmungen oder schwierigen Wetterbedingungen. Wer in der Wildnis kocht, sollte grundsätzlich ein paar Keksrezepte in petto haben. Ein Blech voller Kekse, noch warm vom Backen, und eine Kanne frisch gebrühter Kaffee heben die Stimmung ungemein.

ZUTATEN

ergibt etwa 12 Kekse

75 g Butter sowie etwas zum Einfetten
3 EL brauner Zucker
4 EL Trinkschokoladenpulver (normales Pulver, keine geriebene Schokolade)
125 g Mehl
½ TL Backpulver
2 EL Eipulver sowie 6 EL Wasser

ZUBEREITUNG

1. Einen Reflektorofen oder Dutch Oven vorheizen und ein Backblech oder etwas in der Art einfetten.
2. In einem kleinen Topf die Butter mit dem Zucker zum Schmelzen bringen und das Schokoladenpulver einrühren. Vom Feuer nehmen und abkühlen lassen.
3. Das Mehl durchlüften und mit dem Backpulver und dem Eipulver vermengen.
4. Dieses trockene Gemisch nach und nach unter die geschmolzene Butter-Zucker-Masse heben und gut vermischen.
5. Pro Keks 1 EL des Teigs nehmen, grob zur Kugel formen und mit reichlich Abstand auf das Backblech legen. Die Teigklümpchen verlaufen und brauchen dazu ausreichend Platz.
6. Im Reflektorofen oder Dutch Oven 10 Minuten backen.
7. Aus der Hitze nehmen, auf einen Teller oder ein Küchenbrett geben und abkühlen lassen.

VARIATION

Um statt schnöder Schokoladenkekse richtige Chocolate Chip Cookies zu backen, einfach zur trockenen Mehlmischung noch eine Handvoll Schokotropfen oder backfeste Schokoladenstückchen unter die zerlassene Butter-Masse heben.

FRUCHT-NUSS-MÜSLIRIEGEL

Diese einfachen Riegel aus Haferflocken, Früchten und Nüssen sind die ideale Wegzehrung für unterwegs, eine prima Trekkingnahrung und damit ein toller Snack auf langen Touren. Am besten bereitet man sie im Basislager zu, ehe man in Richtung Biwakplatz aufbricht. Mit etwas Phantasie lässt sich das Rezept abwandeln und beispielsweise mit wild wachsenden Früchten verfeinern, die man selbst gesammelt und getrocknet hat.

ZUTATEN

ergibt 6–8 Riegel

Butter zum Einfetten
2 Bananen
1 EL Honig oder Ahornsirup
75 g zarte Haferflocken
2 EL Korinthen beziehungsweise Rosinen oder gemischte Trockenfrüchte
2 EL Haselnüsse

ZUBEREITUNG

1. Einen Dutch Oven oder Reflektorofen vorheizen und ein Backblech oder etwas in der Art einfetten.
2. Die Bananen zerdrücken und zu einer glatten Creme pürieren, den Honig beziehungsweise den Ahornsirup einrühren und die Haferflocken sowie Rosinen oder die Trockenobstmischung unterheben.
3. Die Haselnüsse in kleine Stücke hacken und dazugeben.
4. Die Masse 1–2 cm dick auf das gefettete Backblech streichen oder zu walnussgroßen Kugeln rollen und dann flachdrücken.
5. Im Dutch Oven oder Reflektorofen goldbraun backen. Aus der Hitze nehmen und abkühlen lassen.
6. Sofern die Masse am Stück gebacken wurde, nun mit einem Messer in handliche Portionen schneiden.

DER ERDOFEN

„**DIE INDIANER MACHTEN EIN GROSSE FEUER AUS GETROCKNETEM HOLZ,** in das sie mehrere glatte Steine aus dem Fluss warfen. Als das Feuer heruntergebrannt und die Steine heiß geworden waren, legten sie diese alle auf gleicher Höhe nebeneinander und bedeckten sie mit einer Reihe von Kiefernzweigen, auf die Bärenfleisch gelegt wurde, darüber wieder Äste und so weiter, Schichten aus Ästen und Fleisch mehrmals im Wechsel, und schlossen mit einer dicken Kiefernschicht ab. Auf diesen Haufen sprenkelten sie dann eine kleine Menge Wassers und bedeckten das Ganze 4 Zoll dick mit Erde. Nachdem alles drei Stunden lang so geblieben war, nahmen sie das Fleisch heraus." ELLIOT COUES, 1893*

Ich lege nun schon seit über 40 Jahren Erdöfen an und die Freude an dieser Garmethode ist bei mir nie verblasst. Jedes Mal, wenn der köstliche Duft der fertig gegarten Speisen aus der Grube aufsteigt, ist es, als ob ein Magier ein Kaninchen aus dem Hut zaubert.

Doch man darf sich nicht täuschen lassen: Bei aller Einfachheit stellt ein Erdofen, wenn er funktionieren soll, doch einige technische Anforderungen, die es zu erfüllen gilt. Ich habe schon mehrmals beobachtet, dass in Kursen mit dem Thema „Überleben in der Wildnis" ein Erdofen eben nicht funktioniert hat, weil der Kursleiter nicht allzu viel auf die Feinheiten des Verfahrens gab.

* in: Hough, W., Fire as an Agent in Human Culture, Forgotten Books, 2017

ERDÖFEN GESTERN UND HEUTE

Erdöfen sind schon seit Tausenden von Jahren in Gebrauch. Der bisher älteste Beweis dafür reicht etwa 29.000 Jahre zurück und wurde an der Ausgrabungsstätte Pavlov VI im Südosten Tschechiens gefunden, wo Jäger und Sammler Mammutfleisch gegart hatten. Ich bin jedoch überzeugt, dass auch davor schon Erdöfen in Gebrauch waren, nur eben ohne Spuren zu hinterlassen. Schließlich sind die einfachsten Erdöfen flach und damit leicht durch natürliche Erosion und menschliche Aktivitäten, wie Pflügen, zerstört.

Wenn welche gefunden werden, verraten sie uns nur selten, warum sie benutzt oder was in ihnen gekocht wurde. Eine Ausnahme bildet die hochspannende Fundstelle in

Staosnaig auf der schottischen Insel Colonsay. Anfang der 1990er-Jahre wurden hier bei Ausgrabungen mesolithische Erdöfen entdeckt, die neben Resten von Haselnüssen auch solche von Apfelkerngehäusen und den Wurzelknollen des Scharbockskrauts enthielten.* Eine der Gruben wurde als Abfalldeponie genutzt, was wertvolle Einblicke ins Kochverhalten jener Zeit ermöglichte. So wissen wir heute, dass in diesen Erdgruben Massen von Haselnüssen gegart wurden. Also experimentierte ich zusammen mit meinem inzwischen leider verstorbenen Freund und Kollegen, Professor Gordon Hillman, mit dieser Garmethode und wir entdeckten, dass auf diese Weise gegarte Haselnüsse ein wohlschmeckendes Grundnahrungsmittel abgeben und sich leicht konservieren lassen.

Als Beweis ihrer Tauglichkeit sind Erdöfen auch heute noch weit verbreitet, sie haben als praktisches Mittel der Lebensmittelverarbeitung einerseits und andererseits als Mittelpunkt kulturell bedingter Festessen überlebt. In Australien beispielsweise habe ich oft beobachtet, wie große Mengen Yams oder andere Wurzelknollen in Erdöfen verarbeitet wurden. Ein Erdofen ist ein wichtiger Teil der Verarbeitungskette, um ungenießbare oder giftige Wurzeln essbar zu machen. Er verleiht dem Barramundi-Fisch aber auch einen noch besseren Geschmack. Interessanterweise haben sich viele Gemeinschaften der australischen Ureinwohner bis heute ein tiefes Verständnis für die urtümlichsten aller Garmethoden bewahrt, indem sie den Regeln ihrer Kultur folgend bestimmte Speisen in Glut beziehungsweise heißer Asche zubereiten und andere in Erdöfen. In Neuseeland hingegen kommt ein großer Erdofen, *Hangi* genannt, bei der Zubereitung einer breiten Palette an Speisen zum Einsatz und steht oft im Mittelpunkt der gesamten Gemeinschaft. Während es im Ofen kocht, schwatzen und lachen die Familien miteinander und die Vorfreude auf das bevorstehende Mahl schweißt sie zusammen. Wird der Ofen dann geöffnet, wird gemeinsam im Dorfsaal gegessen.

In Samoa kennt man den *Umu*, der aus einem Haufen erhitzten Vulkangesteins besteht. Die Speisen werden in Blätter gewickelt oder in Körbe gelegt und mit mehreren Matten bedeckt, um die Hitze festzuhalten. Ich brauche nur die Augen zu schließen und schon kommt die Erinnerung wieder an das wunderbare zart rauchige Aroma der Yamswurzeln, die auf diese Weise zubereitet werden. Auch auf den Torres-Strait-Inseln sind Erdöfen weit verbreitet, dort garen allerlei Meeresfrüchte darin. Diese und viele andere Erfahrungen haben mich mancherlei über die Vielfalt der Erdöfen gelehrt und meinen Horizont erheblich erweitert.

WARUM ERDÖFEN?

Am augenfälligsten ist der Vorteil, dass mit einem Erdofen viele Menschen problemlos verpflegt werden können, ohne dass man irgendwelche Kochutensilien bräuchte. In Polynesien beispielsweise werden Erdöfen häufig verwendet, um ganze Festgesellschaften bei Feierlichkeiten zu verköstigen. Hier leben Traditionen fort, die schon in grauer Vorzeit bestanden, wie ein schätzungsweise 9.000 Jahre alter, im Westen Zyperns entdeckter Grubenofen belegt, von dem man annimmt, dass er bis zu 200 Personen auf einmal mit Essen versorgen konnte.

Doch ein Erdofen ist nicht einfach nur eine ökonomische Garmethode, er hat auch darüber hinaus viele Vorteile. Weltweit werden Erdöfen häufig zum Garen pflanzlicher Kost verwendet, da der lange Dämpfungsprozess einen höheren Nährwert verspricht als das Rösten direkt in der Glut, denn unverdauliche Stärke wird hier in Zucker umgewandelt. Und sie ermöglichen sehr lange Garzeiten. So kochten beispielsweise die Apachen Agavenherzen vier Tage lang. Durch derart langes Dämpfen können auch pflanzliche Toxine zersetzt oder neutralisiert werden, wofür als

* Mithen, S., After the Ice (Weidenfeld & Nicolson, 2011)

klassisches Beispiel die Luftyams Nordaustraliens steht. Diese giftige Yamsart wird, um die Giftstoffe zu entfernen, im Erdofen gedämpft, dann mit Hilfe einer Reibe aus Schneckenschalen gerieben und dann in einem Dillybag, einer aus Pflanzenfasern geflochtenen Korbtasche, im Bach gewaschen. Das Dämpfen ist dabei der wichtigste Schritt – macht zwar viel Arbeit, ist aber die Mühe wert. Moderne Analysen haben gezeigt, dass die so verarbeitete Luftyams um 30–40 % reicher an verdaulichen Kohlenhydraten ist als viel bekömmlichere Yamswurzel-Arten, die in derselben Gegend gesammelt, aber anders zubereitet werden.

Auch Fisch wird häufig im Erdofen gegart, meist größere Fischarten, sowie große Schalen- und Krustentiere. Das reduziert einerseits das Risiko, den Fisch zu zerkochen, und ermöglicht andererseits, viele Fische gleichzeitig zu garen – und, nicht zu vergessen, sie mit Kräutern, Duft- und Gewürzpflanzen zu aromatisieren: Sowohl in Australien als auch an der kanadischen Pazifikküste bin ich Familien begegnet, die ihre jeweils eigenen Rezepte für schmackhafte Erdofengerichte haben. Speisen zu aromatisieren ist ein nützlicher Nebeneffekt, der von der Forschung häufig vergessen wird.

Natürlich lässt sich auch Fleisch im Erdofen garen, im Besonderen große Stücke. Ich bin zwar noch keiner im Erdofen gegarten Mammutkeule begegnet, muss aber noch immer schmunzeln bei der Erinnerung an den Schenkel eines Emus, den ich bei den Pitjantjatjara aus einem Erdofen ziehen sollte – im wahrsten Sinne des Wortes eine

Riesenkeule! Auch hier ist ein Zerkochen kaum möglich, dagegen bringt diese Garmethode zusätzliche ernährungsrelevante Vorteile mit sich. Zudem spart man im Vergleich zum Kochen über offenem Feuer auch noch beträchtlich an Brennstoff. Interessanterweise – und praktischerweise – haben die Pitjantjatjara den Erdofen gleich nahe der Stelle angelegt, wo das Tier erlegt worden war, um die Keule sofort zuzubereiten. Der Rest des Tiers wurde hingegen zum späteren Verzehr ins Dorf geschafft.

In den Dörfern ist es nicht ungewöhnlich, dass ein Erdofen viele Jahre, ja selbst über mehrere Generationen hinweg benutzt wird. Dies führt unweigerlich dazu, dass sich an einer Seite des Ofens ein Haufen vom Feuer zersprengter Steine auftürmt – und daneben ein Hügel mit den Speiseresten und Überbleibseln der Mahlzeiten. Beides Spuren, die im archäologischen Sinne die Zeiten gut überdauern. Aber Erdöfen werden auch provisorisch angelegt, um abseits der Siedlungsplätze spontan etwas zu garen. Diese einfachen und flachen Gebilde, diese Belege der Improvisationskunst interessieren mich besonders. Sie spielen zwar in der Archäologie keine Rolle, sind aber unglaublich praktisch, wenn man draußen in der Natur unterwegs ist.

EINEN EINFACHEN ERDOFEN ANLEGEN

Ein Erdofen wird immer entsprechend der Form und/oder der Menge der zu garenden Speisen angelegt. Man optimiert die Form, um den Aufwand zu minimieren. Für pflanzliche Speisen und Meeresfrüchte, kleine Fische und kleines Fleisch wählt man gewöhnlich eine runde Form. Größeres Wild lässt sich in einer ovalen Form besser unterbringen. Gemeinschaftlich genutzte Erdöfen sind meist rechteckig. Einen für den Langzeitgebrauch gedachten Ofen kleidet man am besten mit Steinplatten aus, ebenso Öfen, die in eher feuchtem oder kaltem Boden angelegt werden sowie diejenigen, die vorwiegend für trockene Garmethoden gedacht sind.

DER BODEN UND DIE GRUBE

Am besten gräbt man die Ofengrube in trockenen Boden, denn feuchtes Erdreich entzieht dem Ofen Wärme. Ist der Boden kalt, muss das Feuer eine ganze Weile in der Grube brennen, um den Boden gehörig zu erwärmen. Sind tafelförmige Steine, Steinplatten oder Pflastersteine verfügbar, können Boden und Wände des Ofens damit ausgekleidet werden. Am Strand ist an höhergelegener Stelle, weit genug vom Wasser entfernt, zu graben, damit auch der Ofenboden noch im trockenen Sand liegt. Sand erwärmt sich unglaublich gut und bietet für einen Erdofen perfekte Bedingungen. Die Grube muss groß genug sein, sodass das Gargut und die heißen Steine hineinpassen.

DIE STEINE UND DAS FEUER

Normalerweise wird ein Erdofen mit heißen Steinen beheizt, aber wenn keine Steine zu finden sind, tun es ersatzweise auch Brocken von Termitenhügeln oder Hartholzglut. In einem Hangi der Maori habe ich statt Steinen sogar schon stählerne Teile von Eisenbahnschienen gesehen.

Nicht ganz unerheblich ist auch, welche Steine man nimmt. Aus Sicherheitsgründen müssen sie trocken sein. Feuchte oder nasse könnten beim Erhitzen zerspringen. Aus demselben Grund sind auch Feuersteine und Beton ungeeignet, da sie Lufteinschlüsse aufweisen können. Die Luft dehnt sich beim Erwärmen aus, der Stein bekommt Risse oder zerspringt. Runde, glatte Steine halten die Wärme am längsten.

Steine sind immer langsam zu erhitzen. Wenn man kalte geradewegs in heißes Feuer wirft, ist die Wahrscheinlichkeit groß, dass sie platzen. Man kann Steine durchaus in einem separaten Feuer erwärmen und dann in die Ofengrube transferieren, üblicher ist aber, das Feuer gleich in beziehungsweise über der Grube anzulegen und die Steine dort zu erhitzen. Diese Methode ist die einfachste und hat zudem den Vorteil, dass der Boden rund um die Grube getrocknet und erwärmt wird, was wiederum die Wirkung des Erdofens erhöht.

Langsam brennende große Hartholzscheite sind in diesem Fall nicht nötig. Vielmehr ist hier schneller brennendes, kleinteiliges Holz gefragt. Wenn das Feuer herunterbrennt, fallen die Steine in die Grube. Um ihre maximale Erwärmung zu gewährleisten, hält man sie so lange mit Glut bedeckt, bis das Feuer zu Asche heruntergebrannt ist.

Während das Feuer brennt, bereitet man das Gargut vor und sammelt Pflanzenmaterial zum Verpacken. Große, dicke Wurzelknollen kann man im Ganzen belassen oder klein schneiden und in ein Netz, einen Beutel oder eine leichte, locker geflochtene Korbtasche aus flexiblem Material packen. Wild kann geviertelt werden oder im Ganzen geschmort, im letzteren Falle befüllt man den Brustkorb mit heißen Steinen, damit es vollständig durchgart. Während man kleinere Fleischportionen in Blätter einwickelt, wird Fisch in der Haut gegart.

Sobald das Feuer heruntergebrannt ist und die Steine sehr heiß sind, werden die verbleibenden Feuerholzstücke entfernt. Die Steine sind gleichmäßig über den Grubenboden zu verteilen. Darüber kommt nun eine Schicht ungiftiger grüner Blätter. Wer sein Gargut mit Kräutern aromatisieren möchte, legt diese jetzt als Schicht darüber. Obenauf das Gargut, wobei das mit der längsten Garzeit dem Ofenboden am nächsten liegen sollte und das Gemüse in die Lücken dazwischen und an den Seiten gesteckt wird. Nun eine weitere Schicht Pflanzenmaterial darüber und darauf noch eine Schicht aus idealerweise großen, breiten Blättern wie Ampfer, Klette oder Pestwurz.

Als nächstes wird der Ofen mit dem Bodenmaterial versiegelt, das beim Ausheben der Grube angefallen ist. Um ihn perfekt abzudichten, wird sicherlich noch etwas zusätzliche Erde vonnöten sein. Wenn alles dicht ist, sieht man weder Dampf noch Rauch aus der Grube entweichen.

Nun überlässt man das Garen dem Erdofen. Doch wie lange? Tja, das ist der Knackpunkt – das wird uns nur die Erfahrung verraten. Art und Menge des Garguts, Art der Steine, Temperatur und viele andere Faktoren spielen eine Rolle. Mein Rat: nicht unter einer Stunde bei Fisch, nicht unter 2 Stunden bei Gemüse und nicht unter 4 Stunden bei Fleisch, wobei da eher 6–8 Stunden angebracht wären. Lieber die Garzeit zu lange als zu kurz wählen, nichts ist ärgerlicher, als den Ofen zu öffnen und festzustellen, dass das Essen noch nicht gar ist.

Wenn der Ofen schließlich geöffnet wird, sollte ein sauberer Platz für die Gargutpakete bereitstehen. Die Erde wird vorsichtig zur Seite geschaufelt. Geduldig so viel Bodenmaterial wie möglich wegnehmen. Nun die großen, breiten Blätter zurückrollen, wie man einen Teppich aufrollt. Vorsicht, aus der Grube steigt Dampf auf, der extrem heiß ist. Beim Aufrollen der Blätter wird, wenn man es vorsichtig anstellt, eventuell verbleibende Erde gleich mit eingerollt. Nun behutsam die obere Pflanzenpackung in derselben Richtung aus der Grube rollen wie vorher die großen Blätter. Vorausschauend vorgehen und immer erst den Dampf entweichen lassen.

Sobald sich aller Dampf verzogen hat, können die Gargutpäckchen herausgenommen werden. Sie sind sehr heiß, also Handschuhe oder eine Zange benutzen. Nun bleibt noch zu überprüfen, ob alles gar ist. Wenn ja, wird serviert. Lassen Sie es sich schmecken!

DER ERDOFEN ZUM TROCKENGAREN

Das Prinzip des einfachen Erdofens besteht darin, dass die Speisen gedämpft werden. Im Gegensatz dazu ist das Trockengaren eher eine Art Rösten und erzeugt andere Aromen, die den großen Bratenstücken, besonders Reh-, Hirschkeule oder -lende schmeicheln. Ich persönlich ziehe bei Fleisch die Röstaromen denen des Dampfgarens vor. Allerdings besteht die Möglichkeit, dass das Fleisch verbrennt, daher ist Übung erforderlich.

Für diesen Ofen funktioniert eine ausgekleidete Grube am besten. Ofen und Steine werden ganz normal erhitzt. Wenn das Feuer heruntergebrannt ist, nimmt man die Steine aus der Grube und kehrt die qualmende Holzkohle weg. Drei bis vier Steine werden zurück in die Grube gelegt.

Nun das Bratenfleisch einölen, würzen und direkt auf die Steine legen. Von allen Seiten weitere Steine um das Fleisch platzieren. Stöcke aus frischem, grünem Holz als Gerüst über die Grube legen. Wenn möglich, ein Stück altes Segeltuch darüberdecken. Ist keines zur Hand, wird eine Packung aus Pflanzenmaterial und großen, breiten Blättern genutzt, wobei darauf zu achten ist, dass die Pflanzenteile nicht in direkten Kontakt mit den Steinen kommen. Zum Schluss wird die Grube mit Erde versiegelt und dem Erdofen das Rösten überlassen. Wenn der Ofen dann wieder geöffnet wird, braucht man eine Zange, um die heißen Steine zu entfernen.

1. Ein Feuer erhitzt die Grube und die Steine.

4. Das Gargut wird von grünen Pflanzenteilen geschützt, darauf weitere heiße Steine. Stöcke aus frischem Holz, weitere Pflanzen und Erde bilden das Dach.

2. Das Feuer wird entfernt und der Boden der Grube mit heißen Steinen ausgelegt.

3. Das Fleisch (hier zwei ganze Lammkeulen) wird direkt auf die heißen Steine gelegt und rundherum das Gemüse.

5. Um den Ofen zu öffnen, wird die Erde vorsichtig zur Seite geschoben und die Abdeckung aus Pflanzenteilen zurückgerollt. Herrlicher Duft steigt nun aus der Grube auf.

6. Et voilà – perfekt gegartes Essen wartet darauf, entnommen und serviert zu werden.

DER ERDOFEN ZUM DAMPFGAREN

Wenn ich nur große Fische und diese in großen Mengen garen möchte, greife ich zu einer eher feuchten Garmethode und lege eine Dampfgrube an. Diese wird genauso wie der einfache Erdofen gebaut, mit einer Ausnahme: In die Mitte der Grube wird senkrecht ein gerader Stock aus geschältem grünen Holz gesteckt. Er soll 2–3 cm im Durchmesser und lang genug sein, dass er aus dem versiegelten Erdofen ein deutliches Stück herausragt.

Der Ofen wird wie im Abschnitt „Einen einfachen Erdofen anlegen" beschrieben erhitzt und befüllt, dabei aber rund um den senkrechten Stock eine kleine Lücke lassen.

Der Stock wird dann entfernt, indem man ihn senkrecht nach oben herauszieht. Ins entstehende Loch gießt man 1–2 Liter frisches Wasser und versiegelt es. Das bewirkt, dass im gesamten Erdofen ordentlich Dampf entsteht. Mit dieser Methode ist mir in den Tropen das Garen großer Meeresfische hervorragend gelungen.

DIE ERDOFENMATTE

In vielerlei Hinsicht ist das Schwierigste, eine geeignete Abdeckung für die Grube zu finden. Bei kleineren Öfen ist das kein Problem, hier genügen große Blätter und/ oder Pflanzenteile, aber bei größeren Erdöfen entscheidet eine gute Abdeckung darüber, ob man Essen ohne Erde oder aber Sand zwischen den Zähnen hat. In unserer modernen Welt finden wir eine alte Plane oder ein Stück Sackleinen, aber wer es urwüchsiger angehen möchte, versucht, eine einfache Matte aus Weidenrindenstreifen und Grasbündeln zu weben.

DER GROSSE ERDOFEN

Ein großer Erdofen verlangt eine Menge Vorbereitung, aber: viele Hände, schnelles Ende! Am Vortag wird die Grube ausgehoben und ausgekleidet, Feuerholz gesammelt und in handlichen Stücken bereitgelegt, werden alle benötigten Blätter und Schnüre zusammengetragen. Gutes Gelingen erfordert gute Organisation – ich kann nur raten, die Aufgaben zu delegieren. Wer für das Kochen im Camp zuständig ist, übernimmt auch die Gesamtverantwortung, während bewährte Assistenten die Vorbereitung der einzelnen Komponenten wie Fleisch, Gemüse, Früchte etc. überwachen. Ein Zeitplan sollte zumindest in Gedanken erstellt werden: Das Essen soll zu einer bestimmten Zeit fertig sein, dann muss auch der Ofen zu einer bestimmten Zeit heiß sein – wann wird begonnen, wie lange dauert die Zubereitung, wann wird gegessen?

Sehr früh am Morgen wird das Feuer entfacht. Während es brennt, bereiten die Teilnehmer das Essen vor: Fleisch würzen, in Blätter einwickeln und mit Rindenfasern ordentlich verschnüren, das Gemüse in handliche Stücke schneiden, geschälte und in Stücke geschnittene Kartoffeln in einen improvisierten Sack aus Baumwollstoff stopfen etc. Obst bedarf für den Erdofen keiner größeren Vorbereitung – ganze Bananen, Äpfel und Ananas werden in der eigenen Schale gegart.

Wenn alles fertig und der Ofen bestückt ist, kann man noch Blattgemüse über die anderen Zutaten legen und in Ritzen und Lücken stopfen.

Nun wird die Grube mit Stöcken aus frischem, grünem Holz überspannt und eine Matte beziehungsweise Abdeckung darübergelegt, die dann mit Erde bedeckt und versiegelt wird. Das Dachgerüst aus Stöcken muss kräftig genug sein, um dem Gewicht der Erde standzuhalten. Und dann ist es am Ofen, die weitere Arbeit zu tun und den ganzen Tag lang zu kochen, auf dass das Essen am frühen Abend, eine Stunde vor Sonnenuntergang, auf dem Tisch stehen möge.

gegenüberliegende Seite: Windschutz, ein munteres Flammenspiel und frisch gebrühter Lagerfeuerkaffee – Draußenkochen in seiner einfachsten Form. Und Balsam für die Seele.

ANHANG

KERNTEMPERATUR UND GARSTUFEN

Fleisch	Mindest-temperatur	blue	rare/blutig, „Englisch“	medium-rare	medium/rosa	medium-well/halb-rosa	well-done/durch
Rind - Kalb - Lamm							
Hackfleisch und Brät: Hacksteaks, Frikadellen, Würste	71 °C						
Bratenstück im Ganzen, Steaks, Fleischstücke		54 °C	57 °C	63 °C	71 °C	74 °C	77 °C
Schwein							
Hackfleisch und Brät: Hacksteaks, Frikadellen, Würste	71 °C						
Bratenstück im Ganzen, Steaks, Fleischstücke	63 °C	N/A	N/A	63 °C	66 °C	68 °C	71 °C

Wild	Mindesttemp.
Hackfleisch und Brät: Hacksteaks, Frikadellen, Würste	74 °C
Reh, Hirsch, Elch, Karibu, Ren, Antilope, Gabelbock	74 °C
Bär, Bison, Moschusochse, Walross	74 °C
Kaninchen, Biber, Bisam	74 °C

Wildgeflügel	Mindesttemp.
Vogel im Ganzen	82 °C
Brust, ganze Keule	74 °C
Oberschenkel, Flügel	74 °C
Fleischfüllung, Farce	74 °C

Meeresfrüchte	Mindesttemp.
Fisch	70 °C
Schalen- und Krustentiere	74 °C

Geflügel	Mindesttemp.
Hackfleisch und Brät: Hacksteaks, Frikadellen, Würste	74 °C
Flügel, Schenkel, Brust	74 °C
Fleischfüllung, Farce	74 °C
ganzer Vogel	82 °C

Würstchen	Mindesttemp.
Wiener Würstchen	74 °C

Eier	Mindesttemp.
Eiergerichte	74 °C

BACKTEMPERATUREN

Brot	Temperatur
warmes Wasser für die Hefe	41–46 °C
kaltes Wasser für die Hefe	15 °C
Brot (magerer Teig)	88–93 °C
Brot (schwerer Teig)	77 °C
Biskuitkuchen, Rührkuchen	95–98 °C
Obstkuchen	98–100 °C

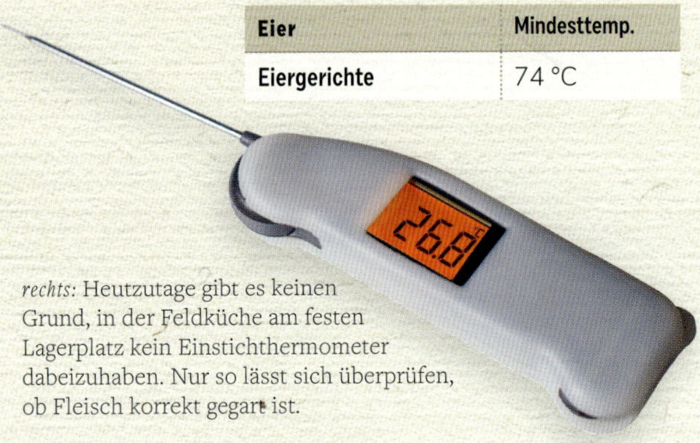

rechts: Heutzutage gibt es keinen Grund, in der Feldküche am festen Lagerplatz kein Einstichthermometer dabeizuhaben. Nur so lässt sich überprüfen, ob Fleisch korrekt gegart ist.

GEMÜSEFOND

Frische Gemüsebrühe ist sehr leicht herzustellen und eine wunderbare Grundzutat für eine ganze Reihe von Gerichten. Eine vitaminreiche Flüssigkeit, in der sich Reis, Couscous oder Quinoa kochen lässt. Ich persönlich lasse bei meinen Fonds das Salz weg, da ich lieber die Soße würze, die ich daraus zubereite.

ZUTATEN

ergibt 500 ml

1 Zwiebel
2 Staudensellerie-Stangen
2 Karotten
2–3 Knoblauchzehen, geschält und leicht zerdrückt
1 Thymianzweig
750 ml Wasser

ZUBEREITUNG

1. Die Zwiebel schälen und würfeln, den Sellerie und die Karotten waschen und grob würfeln.
2. Die Gemüse in einen hohen Topf geben, den Knoblauch und den Thymian hinzufügen.
3. Mit kaltem Wasser bedecken und zum Kochen bringen. Mindestens 2 Stunden köcheln lassen.
4. Brühe abseihen.

VARIATION

Auch was beim Gemüseputzen weggeschnitten wird – Schalen, das Innenleben von Paprika etc. –, kann gerne mit in der Brühe landen. Zwiebelschalen färben den Fond dunkel, was für einige Suppen durchaus gewollt sein kann.

PILZFOND

Pilzfond ist eine der einfachsten Brühen, die man zubereiten kann. Außerdem eine prima Sache, weil man das, was beim Putzen des Gemüses und der Pilze weggeschnitten wird, nicht ungenutzt wegwerfen muss.

ZUTATEN

ergibt 500 ml

2 EL Olivenöl
1 Zwiebel, gewürfelt
2 Karotten, in Stücke geschnitten
1 Staudensellerie-Stange
alternativ Gemüseschalen und beim Putzen Weggeschnittenes
2 Thymianzweige
1 Lorbeerblatt
2 Tassen kleingeschnittene Pilze oder das, was beim Pilzeputzen weggeschnitten wurde
1 Knoblauchzehe
10 Scheiben getrocknete Pilze (idealerweise Steinpilze, aber in Scheiben geschnittene und getrocknete Wiesen-Champignons sind auch möglich)

ZUBEREITUNG

1. Das Gemüse und die Pilze fein würfeln.
2. Das Gemüse und die Pilze bei niedriger Hitze in dem Öl anschwitzen, bis alles weich ist und stark duftet. Nicht anbrennen lassen und Deckel geschlossen halten.
3. Die getrockneten Pilze dazugeben.
4. Das Lorbeerblatt und den Thymian hinzufügen, mit Wasser bedecken und zum Kochen bringen. Bei geschlossenem Deckel 45 Minuten köcheln lassen.
5. Deckel abnehmen und die Brühe einkochen lassen, bis die gewünschte Geschmacksintensität erreicht ist.
6. Abseihen und die Pilz- und Gemüseteile noch auspressen, um ein Maximum an Aroma herauszuholen.

FISCHFOND

Ich kann es gar nicht leiden, wenn im Camp Fischgräten verschwendet werden. Nur ein paar Minuten Arbeit, und schon hat man eine zwar einfach zubereitete, aber herrlich aromatische Brühe als perfekte Grundlage für eine Fischsuppe. Auf eins muss man bei dieser delikaten Brühe allerdings achten: Unter keinen Umständen darf sie länger als 45 Minuten kochen, denn dann wird sie bitter.

ZUTATEN

ergibt 1 Liter

1 Zwiebel
2 Karotten
2 Staudensellerie-Stangen
1 EL Olivenöl
Fischgräten, Köpfe und Fisch„abfälle"
250 ml Weißwein (falls vorhanden)
Wasser
Bouquet garni (siehe S. 43)

ZUBEREITUNG

1. Das Gemüse putzen, die Zwiebel schälen, alles grob würfeln.
2. Das Öl in einem großen Topf erhitzen, die Gemüse dazugeben und ca. 15 Minuten anschwitzen, bis die Zwiebel glasig ist.
3. Fischteile hinzufügen und gut umrühren.
4. Sofern verfügbar, den Wein dazugeben, mit kaltem Wasser auffüllen, bis alles bedeckt ist, und das Bouquet garni hineinlegen.
5. Bis knapp unter den Siedepunkt erwärmen und 30 Minuten, höchstens 45 Minuten köcheln lassen.
6. Während des Köchelns abschäumen.
7. Die Brühe abseihen und die nunmehr ausgekochten Feststoffe entsorgen.

FOND AUS KRUSTENTIEREN

Diese Brühe lässt sich ganz leicht zubereiten, sogar auf dem minimalistischen Trekking-Kocher, und führt Garnelenköpfe oder Krabbenpanzer noch einer Verwendung zu. Einfach nur köstlich! Mitunter findet man an der Küste wilden Fenchel, der sehr gut dazu passt. Ansonsten kann man auch Karotten verwenden.

ZUTATEN

ergibt 1 Liter

1 Zwiebel
1 Porreestange
2 Staudensellerie-Stangen
1 Fenchelknolle oder 2 Karotten
1 EL Olivenöl
Schalen von Krustentieren
250 ml Weißwein (falls vorhanden)
Wasser
Bouquet garni (siehe S. 43) oder andere Kräuter

ZUBEREITUNG

1. Die Zwiebel schälen, alles andere Gemüse putzen und alles fein würfeln.
2. Das Öl in einem großen Topf erhitzen, Krebsschalen dazugeben und erhitzen, bis sie schön orange-rot sind. Nun das Gemüse hinzufügen.
3. Alles anschwitzen, bis der Porree und die Zwiebel glasig sind, dann mit dem Wein ablöschen, sofern welcher zur Hand ist.
4. Mit Wasser auffüllen, bis alles knapp bedeckt ist, auch das nunmehr hinzugefügte Bouquet garni oder die Kräuter, die gerade zur Verfügung stehen.
5. Nur leicht aufkochen und bei niedriger Hitze höchstens 45 Minuten köcheln lassen. Abseihen.

Tipp des Kochs: Falls ein feines Sieb zur Hand ist, kann man die Krebsschalen und -panzer mit dem Ende eines Nudelholzes oder Ähnlichem zerdrücken, ehe man sie in den Topf gibt. So wird das Aroma noch intensiver, allerdings muss man den Schalenmulm auch wieder vollständig aus der Brühe seihen.

HÜHNERFOND

Keine fertig abgepackte Hühnerbrühe ist mit einer selbstgemachten vergleichbar. Und gerade draußen, wo wir am offenen Feuer kochen, lässt sie sich so einfach zubereiten. Ich muss zugeben, dass ich selber gewöhnlich mehr Nelken und Pfefferkörner verwende, als ich hier in der Zutatenliste angegeben habe. Experimentieren Sie und finden Sie heraus, was Ihnen am besten schmeckt.

ZUTATEN

ergibt 1 Liter

1 Zwiebel
2 Karotten
2 Staudensellerie-Stangen
Hühnchenkarkasse und Kleinteile, die beim Zerlegen beziehungsweise Entbeinen übrigblieben
1 EL Olivenöl
2 Knoblauchzehen, leicht zerdrückt
1 TL schwarze Pfefferkörner
2 Nelken
1 Lorbeerblatt
1 Thymianzweig (falls vorhanden)
Bouquet garni (siehe S. 43)
Wasser

ZUBEREITUNG

1. Die Zwiebel schälen, sonstiges Gemüse waschen und alles würfeln.
2. Die Hühnchenkarkasse vierteln.
3. Das Öl erhitzen und die Hühnerkarkasse braun braten, ohne dass die Knochen anbrennen.
4. Die Zwiebel, die Karotten, den Sellerie und den Knoblauch hinzufügen, ebenso die Pfefferkörner und die Nelken. Anschwitzen, bis die Zwiebel glasig ist.
5. Das Lorbeerblatt und den Thymian dazugeben sowie das Bouquet garni, sofern vorhanden. Mit Wasser abdecken und zum Kochen bringen. 2–3 Stunden köcheln lassen oder bis sich ein intensives Aroma herausgebildet hat. Dabei den sich bildenden Schaum abschöpfen.
6. Die Knochen abseihen und die Brühe abkühlen lassen. Etwaiges Fett, das sich an der Oberfläche sammelt und fest wird, entfernen.

RINDERFOND UND WILDFOND

Aus ausgelösten Knochen einen dunklen Fond zuzubereiten, ist zeitaufwendig und daher eigentlich nur für die Küche am festen Lagerplatz zu empfehlen oder wenn eine Hütte als Basislager dient. Aber auf diese Weise wird alles optimal verwertet, auch das, was sonst weggeworfen wird. Außerdem ist so ein dunkler Fond einfach in der Zubereitung und eine köstliche Grundzutat für andere Speisen. Übrigens wird das Markfett, das sich oben auf der abgekühlten Brühe sammelt, von den First Nations im nördlichen Kanada dazu verwendet, um das lange haltbare Pemmican herzustellen - eine Mischung aus getrocknetem, zerkleinertem Fleisch und getrockneten Beeren - auf Reisen die ideale Wegzehrung.

ZUTATEN

ergibt 1 Liter

1 Zwiebel
2 Staudensellerie-Stangen
2 Karotten
6 EL Olivenöl
Fleischknochen
1 EL Tomatenmark
1 Lorbeerblatt
Wasser

ZUBEREITUNG

1. Die Zwiebel schälen, sonstiges Gemüse putzen und alles grob würfeln.

2. In einem großen Dutch Oven 4 EL von dem Öl erhitzen, dann die Knochen und das Tomatenmark dazugeben.

3. Umrühren, sodass die Knochen rundherum von Tomatenmark benetzt sind, den Topf abdecken und die Knochen bei mittlerer Hitze schön dunkel bräunen. Sie dürfen dabei allerdings nicht anbrennen.

4. In einer Bratpfanne die restlichen 2 EL Öl erhitzen und das grobgeschnittene Gemüse bei niedriger Hitze etwa 20 Minuten ebenfalls bräunen.

5. Den Boden des Dutch Ovens mit 1 Tasse Wasser ablöschen, dann das Gemüse samt beim Bräunen ausgetretenem Saft zum Fleisch geben. Ebenso das Lorbeerblatt.

6. Mit so viel Wasser auffüllen, dass die Knochen 2 cm bedeckt sind. Zum Kochen bringen und 4–5 Stunden köcheln lassen. Dabei von Zeit zu Zeit Schaum und zur Oberfläche gestiegene Partikel abschöpfen.

7. Die Knochen mit einer Zange oder einem Schaumlöffel herausheben und die Brühe abseihen.

8. Wenn man die Möglichkeit zur Kühlung hat - in einer Hütte oder Kombüse mit Kühlschrank beispielsweise -, ist die Brühe gekühlt 2–3 Tage haltbar. Sobald sie abgekühlt ist, das Fett abschöpfen, das sich an der Oberfläche sammelt. Ohne Kühlmöglichkeit ist die Brühe unverzüglich aufzubrauchen.

BRATENSOSSE OHNE BRATENSATZ

Eines der wichtigsten Rezepte für alle, die in der Wildnis kochen. Zwar nicht zu vergleichen mit der Bratensoße, die man aus dem Bratensatz am Boden einer Pfanne zaubert, aber wenn man den nun einmal nicht hat, ist diese Soße immer noch ein sehr akzeptabler Ersatz. Dieses einfache Rezept sollte man üben, bis man es aus dem Effeff beherrscht. Und damit experimentieren – probieren Sie mal, etwas Süße durch eine winzige Menge Rote-Johannisbeeren-Gelee oder Honig zu erzeugen.

ZUTATEN

ergibt 500 ml

1 mittelgroße Zwiebel
1 mittelgroße Karotte
1 Staudensellerie-Stange
2 EL Olivenöl
½ EL Balsamessig
2 EL Mehl
500 ml Fond (Welcher? Na, der zum Gericht passt!)
2–3 TL Mehlbutter (siehe S. 40), oder 2 TL Maisstärke oder Arrowroot mit 2 TL Wasser zu einer Paste vermengt
Salz und gemahlener schwarzer Pfeffer nach Belieben
½ TL Honig (falls vorhanden)

ZUBEREITUNG

1. Die Zwiebel und die Karotte schälen, diese und die Staudensellerie-Stange fein würfeln.
2. Das Öl erhitzen, das Gemüse dazugeben und bei niedriger Hitze 15–20 Minuten anschwitzen, bis es sehr weich ist und zu bräunen beginnt.
3. Den Balsamessig hinzufügen und 1 Minute kochen lassen, dann das Mehl darüber stäuben und zu einer Mehlschwitze verrühren.
4. Mit dem Schneebesen den Fond einquirlen, bis alle Klümpchen aufgelöst sind, zum Köcheln bringen und die Flüssigkeit um etwa die Hälfte einkochen lassen.
5. Die Soße mit Mehlbutter binden beziehungsweise andicken: Mit dem Schneebesen einquirlen, bis sie glatt und geschmeidig ist. Alternativ die Arrowroot- oder Maisstärkepaste einrühren und ein paar Minuten kochen.
6. Abschmecken und nach Belieben nachwürzen. Schmeckt die Soße bitter, hilft eine winzige Menge Honig.

BRATENSOSSE AUS BRATENSATZ

Um aus dem Bratensatz eine Soße zu zaubern, wird obiges Rezept gleich direkt im Topf beziehungsweise in der Pfanne ausgeführt, wo das Bratgut angebraten wurde. Hier löscht man aber, ehe man das Mehl hinzufügt, die Pfanne beziehungsweise den Topf mit etwas Wasser oder vorzugsweise mit Wein ab und rührt und schabt all die wunderbar geschmacksintensiven Bratrückstände vom Pfannenboden. Dann wie oben beschrieben fortfahren.

ROTWEINSOSSE

Eine einfache Rotweinsoße ergänzt Braten und generell gebratenes Fleisch auf raffinierte Weise. Als Alternative zu herkömmlicher Bratensoße ist sie zudem überaus schnell zubereitet. Ein Trick aus der Küchenzauberkiste und unentbehrlich für alle, die in der Wildnis kochen.

ZUTATEN

ergibt 500 ml

1 Zwiebel
1 TL Olivenöl
2 TL Balsamessig
375 ml Rotwein
175 ml Rinderfond (siehe S. 218)
1 EL Butter
Salz und gemahlener schwarzer Pfeffer nach Belieben

ZUBEREITUNG

1. Die Zwiebel schälen und in Scheiben schneiden.
2. Das Öl in einer Bratpfanne erhitzen, die Zwiebel dazugeben und schonend 20 Minuten bräunen.
3. Den Balsamessig und den Rotwein hinzufügen und fast vollständig einkochen lassen, dann mit der Brühe auffüllen.
4. Die Soße zur Hälfte einkochen lassen und zum Schluss durch die Zugabe von Butterflöckchen abrunden und geschmeidig werden lassen. Abschmecken und nach Belieben nachwürzen.

SAUCE HOLLANDAISE

Eine Sauce hollandaise schmeckt immer phantastisch. Ihre Zubereitung ist aber, das muss ich zugeben, in der windgepeitschten Outdoor-Küche nicht ganz unproblematisch. Aber wollen Sie nun ein richtiger Wildniskoch/eine richtige Wildnisköchin sein oder nicht? Denn hier trennt sich sozusagen die Spreu vom Weizen. Fingerspitzengefühl, Kühnheit, perfektes Timing und die Bereitschaft, auch einmal zu scheitern – das sind die wahren Zutaten einer Wildnis-Hollandaise.

ZUTATEN

Ergibt 4 Portionen

2 EL Weißweinessig
4 EL Wasser
12 leicht zerdrückte Pfefferkörner
4 Eigelb
125 g Butter in kleinen Stückchen
150 ml heißes Wasser
Saft von ½ Zitrone
Salz und gemahlener schwarzer Pfeffer nach Belieben

ZUBEREITUNG

1. In einem kleinen Topf den Essig, das Wasser und die Pfefferkörner erhitzen und köcheln lassen, bis alles um die Hälfte eingekocht ist.
2. Mit dem Schneebesen die Eigelbe einquirlen, dann die Butterflöckchen nach und nach hinzugeben. Den Topf nur ganz sachte von der Hitze erfassen lassen, sodass die Butter gerade so zerläuft.
3. Das heiße Wasser mit dem Schneebesen einquirlen, den Zitronensaft zugeben und mit Salz und Pfeffer abschmecken.

SAUCE BÉARNAISE

Diese feine Soße ist eine Herausforderung für den Wildniskoch, passt aber wunderbar zu Steak. Ich esse sie am liebsten, wenn ich mir ein Stück Reh oder Hirsch am Feuer brate (siehe Reh- und Hirschsteak Robin Hood auf S. 65) und stippe das Fleisch hinein wie in einen Dip.

ZUTATEN

ergibt 200 ml

- 4 EL Weißwein oder Wasser
- 4 EL Weißweinessig
- 1 Schalotte, geschält und fein gehackt
- 8 schwarze Pfefferkörner
- 4 EL fein gehackter Estragon
- 2 EL fein gehackter Kerbel (falls vorhanden)
- 100 g heiße geklärte Butter (siehe Kasten)
- 2 TL Wasser
- 2 Eigelb
- 1 Prise Salz
- 1 TL Zitronensaft

ZUBEREITUNG

1. Den Wein beziehungsweise das Wasser, den Essig und die Schalotte in einem Topf zum Köcheln bringen.
2. Die Pfefferkörner mit der flachen Seite des Messers zerdrücken und zusammen mit dem Großteil des Estragons und Kerbels in den Topf geben. Den Rest der Kräuter bis zum Schluss aufheben.
3. Bei niedriger Hitze die Mischung fast vollständig einkochen lassen (beim Ankippen des Topfs sollte gerade noch 1 EL Flüssigkeit zusammenkommen).
4. Den Topf vom Feuer nehmen und die Mischung abkühlen lassen.
5. In der Zwischenzeit die geklärte Butter herstellen: Die Butter zerlassen und allen Schaum abschöpfen.
6. Das Wasser zur reduzierten Kräutermischung geben und mit dem Schneebesen die Eigelbe einrühren. Den Topf auf kleinster Hitze halten und fortwährend quirlen: Ziel ist es, die Eier in der Soße zu emulgieren, stocken dürfen sie dabei aber nicht. Hier ist viel Arbeit mit dem Schneebesen gefragt.
7. Wenn alles eingedickt ist und die Konsistenz von sehr cremiger, dicker Sahne hat, vom Feuer nehmen.
8. Nun löffelweise die warme geklärte Butter einrühren, dabei das Salz hinzugeben.
9. Zum Schluss einen ordentlichen Spritzer Zitrone dazugeben sowie den Rest der gehackten Kräuter.

SAUCE PALOISE

Diese Soße ist eigentlich mit einer Sauce béarnaise identisch, nur dass sie anstelle von Estragon Minze enthält. Sie passt hervorragend zu Lammkoteletts von der Grillplatte.

GEKLÄRTE BUTTER BEZIEHUNGSWEISE BUTTERSCHMALZER

Etwas ungesalzene Butter in einem Topf oder einer Pfanne bei geringer Hitze schmelzen und dann allen Schaum und Feststoffe abschöpfen, sodass eine klare Flüssigkeit übrigbleibt.

TOMATENSOSSE

Tomatensoße – ein weiterer Klassiker. Damit lässt sich auf einfache Weise alles Mögliche aufpeppen, von Fleischspießen bis hin zu spontanen Pastagerichten. Diese Soße hat uns schon mehr als einmal den Tag gerettet, wenn es mal wieder an mir als Koch war, sich was einfallen zu lassen, damit die Welt wieder rund wurde.

ZUTATEN

ergibt 1 Liter

2 Karotten
1 Zwiebel
2–3 Streifen Schinkenspeck
1 EL Butter
1 EL Mehl
2 EL Tomatenmark
1 Liter Gemüse- oder Hühnerfond (siehe S. 215 und 217)
800 g Tomatenstücke aus der Dose (2 Dosen à 400 g)
2 Knoblauchzehen geschält und zerdrückt
2 Schalotten geschält und fein gehackt
Bouquet garni (siehe S. 43)
Salz und gemahlener schwarzer Pfeffer nach Belieben
etwas Butter zum Abrunden (falls vorhanden)

ZUBEREITUNG

1. Die Karotten und die Zwiebel schälen und würfeln, den Schinkenspeck grob würfeln.
2. Die Butter in einem großen Topf bei mittlerer Hitze zerlassen, dann darin den Schinkenspeck ein paar Minuten braten, aber nicht zu kross, nur garen.
3. Die Karotten und die Zwiebel hinzufügen und ca. 15 Minuten anschwitzen, bis sie weich sind.
4. Das Mehl darüber stäuben und zu einer Mehlschwitze verarbeiten, diese ca. 2 Minuten leicht bräunen, bis sie eine helle goldbraune Farbe angenommen hat.
5. Das Tomatenmark hinzufügen und unter Rühren 2–3 Minuten garen.
6. Die Mehlschwitze in eine Schüssel geben und abkühlen lassen.
7. Die Brühe in einem separaten Topf zum Kochen bringen.
8. Den Topf, in dem die Mehlschwitze zubereitet wurde, sauberwischen, die erkaltete Mehlschwitze wieder hineingeben und auf mittlere Hitze stellen. Ca. 2 Tassen der kochenden Brühe hinzufügen und mit dem Schneebesen glattrühren, dann die restliche Brühe dazugeben und so lange quirlen, bis alle Klümpchen aufgelöst sind.
9. Die Tomatenstücke, den Knoblauch, die Schalotten und Bouquet garni hinzufügen. Den Topf abdecken und 1 Stunde köcheln lassen.
10. Mit Salz und Pfeffer abschmecken und die festen Bestandteile durch Abseihen entfernen. Klassischerweise wird die Soße mit einem Klecks Butter abgerundet, aber das ist jedem selbst überlassen.

VANILLA CUSTARD – ENGLISCHE VANILLESOSSE SELBSTGEMACHT

Man kann durchaus fertige Vanillesoße verwenden – offen gesagt wird sich da niemand beschweren –, aber ebenso offen gesagt ist die Zubereitung von richtiger, herrlich dicker, cremiger Vanillepuddingsoße ganz einfach, und an selbstgemachte kommt eh keine Fertigsoße heran. Frische Vanilleschoten in der Camping-Küchen-Kiste dabeizuhaben, kann ohnehin nie schaden, denn sie gehören zu den größten Geschmackswundern der Natur. Bei der Sahne darf es hingegen gerne die abgepackte, haltbare Variante sein, falls der Weg zum nächsten Milchladen nicht möglich sein sollte.

ZUTATEN

ergibt 500 ml

6 Eigelb
2 TL Maisstärke
3 EL feinkörniger Kristallzucker
500 ml Crème Double oder (Schlag-)Sahne mit hohem Fettgehalt
2 Vanilleschoten

ZUBEREITUNG

1. Die Eigelbe, die Maisstärke und den Zucker in einem mittelgroßen Topf mit dem Schneebesen zu einer glatten Masse verquirlen.
2. Die Sahne in einen kleinen Topf geben.
3. Die Vanilleschoten aufschlitzen und die Samen mit dem Messerrücken herauskratzen. Das Innere der Schoten sowie die leeren Schotenhüllen zur Sahne geben.
4. Sehr vorsichtig bis knapp unter den Siedepunkt erhitzen – die Sahne soll noch nicht kochen –, vom Feuer nehmen und ein paar Minuten stehen lassen, damit das Vanillearoma auf die Sahne übergehen kann.
5. Die Schoten herausnehmen und die warme Sahne unter ständigem Rühren langsam zur Eimasse geben.
6. Die Vanillesoße bei sehr geringer Hitze weiter mit dem Schneebesen schlagen, bis sie dick wird. Dabei sehr vorsichtig vorgehen, damit sie nicht zerkocht und klumpt.
7. Die Soße kann nun sofort serviert werden.

Tipp des Kochs:
Sollte die Vanillesoße doch zerkocht sein, vom Feuer nehmen, in einen frischen Topf umfüllen und so lange schlagen, bis sie glatt ist.

IM WALD BADEN.
BEIM LESEN.
Spannende Reportagen, informative Interviews und Essays sowie erstklassige Bilder aus den Wäldern der Welt.
Mit Themen zu Natur, Kultur, Wissenschaft und Reisen.
33% DAS WALDMAGAZIN
Vom Wert des Waldes
Australien nach den Bränden
Wildnis in Deutschland
Stolze Ernte – das Prinzip Chagra
Königinnen der Lüfte – Libellen
Gold rush reloaded – Colorado im Herbst
Jetzt bestellen auf
www.33prozentmagazin.de
33% DAS WAL MAGAZI
So viele Seiten hat der Wal

reisenthel